Anna Maria Stark

Seelenpotenziale

Haben Sie Fragen an Anna Maria Stark?
Anregungen zum Buch?
Erfahrungen, die Sie mit anderen teilen möchten?

Nutzen Sie unser Internetforum:
www.mankau-verlag.de/forum

Bibliografische Information der Deutschen Nationalbibliothek
Die Deutsche Nationalbibliothek verzeichnet diese Publikation in der
Deutschen Nationalbibliografie; detaillierte bibliografische Daten sind im
Internet über http://dnb.d-nb.de abrufbar.

Anna Maria Stark
Seelenpotenziale
ISBN 978-3-86374-449-6
1. Auflage März 2018

Mankau Verlag GmbH
D-82418 Murnau a. Staffelsee
Im Netz: www.mankau-verlag.de
Internetforum: www.mankau-verlag.de/forum

Lektorat: Martin Stiefenhofer, Freiburg
Endkorrektorat: Susanne Langer M. A., Germering
Cover: Anna Maria Stark, Gipfelstürmer Design GbR, Augsburg,
unter Verwendung eines Motivs von capitanoseye/Shutterstock.com
Gestaltung Innenteil: Mankau Verlag GmbH

Illustrationen: Can Stock Photo / merydolla (10/11); Can Stock Photo /
rfcansole(34/35); Anna Maria Stark (49, 70, 75, 93, 101, 103, 129, 150, 173);
Can Stock Photo / vjanez (136/137)

Druck: Druckerei C. H. Beck, Nördlingen

Wichtiger Hinweis des Verlags:
Die Autorin hat bei der Erstellung dieses Buches Informationen und
Ratschläge mit Sorgfalt recherchiert und geprüft, dennoch erfolgen alle
Angaben ohne Gewähr; Verlag und Autorin können keinerlei Haftung für
etwaige Schäden oder Nachteile übernehmen, die sich aus der praktischen
Umsetzung der in diesem Buch dargestellten Inhalte ergeben. Bitte
respektieren Sie die Grenzen der Selbstbehandlung und suchen Sie bei
Erkrankungen einen erfahrenen Arzt oder Heilpraktiker auf.

*Alles, was wirklich zu dir gehört,
hat die Fähigkeit,
dich in der Tiefe zu berühren.*

Inhalt

Deine Seele ist dein wahres Ich ... 11

Wann beginnst du, ... 12
- Was in jedem von uns existiert ... 14
- Potenziale wollen gelebt werden ... 16

Die Sehnsucht, dich selbst zu finden ... 21
- Was dich wirklich inspiriert ... 21
- Du bist zu Hause in dir selbst ... 25
- Deine Zusammensetzung macht die Besonderheit ... 26

Nimm Platz in deiner eigenen Welt ... 30

Teil 1: Schaffe innere Ganzheit ... 35

Erinnerst du dich ... 36

Die Berührung deiner inneren Wahrheit ... 39
- Das untrügliche Bauchgefühl ... 40
- Das Gesamtbild ist entscheidend ... 42
- Wende deinen Blick nach innen ... 44

Finde Zugang zu deinem feinstofflichen Ich ... 46
- Kontaktiere dich selbst ... 46
- Die Faszination des Neubeginns ... 48
- Die innere Dimension von Wissen ... 50
- Die Trägheit der sichtbaren Welt ... 51
- Finde wahre innere Stärke ... 53

INHALT

3 Schritte zum Kontakt mit deinem Inneren 55
   Schritt 1:
      Umkehr deiner Aufmerksamkeit 56
      Übung: So gelingt deine
         Aufmerksamkeitsumkehr 61
   Schritt 2:
      Dein Wahrnehmungszentrum platzieren 63
      Übung: So platzierst du dein
         Wahrnehmungszentrum 68
   Schritt 3:
      Zugriff auf deine Eigenschwingung 71
      Übung: So erspürst du deine Eigenschwingung ... 74

Strukturelle Klärung deines Energiefeldes 78
   Echtheit ist spürbar 79
   Die stimmige Wirkung deiner Person 83

5 Schritte zum vollständigen Seelencode 86
   Schritt 1:
      Der Ankerpunkt deines Seelenwesens 87
      Übung: So positionierst du deinen Ankerpunkt ... 91
   Schritt 2:
      Entfernen von Fremdenergien 95
      Übung: So entfernst du Fremdenergien aus dir ... 101
   Schritt 3:
      Zusammenführen eigener Energieteilchen 106
      Übung: So führst du deine
         Energieteilchen zusammen 109
   Schritt 4:
      Expansion deines Seelencodes 112
      Übung: So expandierst du deinen Seelencode 120

Schritt 5:
- Verdichtung deines Energiefeldes 124
- Übung: So verdichtest du dein Energiefeld 130

Deine neu geschaffene innere Ganzheit 132

Teil 2: Intuitive Entscheidungsfindung 137

Du sehnst dich 138
- Vertraue deiner inneren Entscheidungsinstanz 138
- Löse dich von dem, was dich niemals erfüllen wird 141

Die natürliche Intelligenz deiner Seele 143
- Was in dir angelegt ist 146
- Erkenne das Wesentliche 151

Entscheidungen der Seele 156
- Was ist Stimmigkeit 157
- Die Funktion deiner Gefühle 163

Entscheidungssysteme 168
- Die energetische Richtungsangabe 169
- Entscheidungssystem 1:
  - Stimmigkeit – für Allgemeinthemen 177
  - Übung: Installiere Stimmigkeit 180
  - Übung: Teste Optionen auf ihre Stimmigkeit 184
- Entscheidungssystem 2:
  - Grad der Stimmigkeit – für konkret fassbare Themen 185
  - Übung: Installiere den Grad der Stimmigkeit 190
  - Übung: Teste den Grad der Stimmigkeit 193

Entscheidungssystem 3:
   Urpunkt-Entscheidung – für Beziehungs- und
      Gefühlsthemen 196
   Übung: Installiere die Urpunkt-Entscheidung ... 200
   Übung: Teste mit der Urpunkt-Entscheidung 203

Entscheidungssystem 4:
   Spontane Wahrnehmung – als akutes
      Hinweissystem 204
   Übung: Installiere die spontane
      Wahrnehmung 206
   Übung: Teste die spontane Wahrnehmung 207

Entscheidungssystem 5:
   Unterhaltung mit dem älteren Ich –
      die Auswirkungen deiner Entscheidung 209
   Übung: Installiere die Unterhaltung
      mit dem älteren Ich 214
   Übung: Teste durch eine Unterhaltung
      mit dem älteren Ich 215

Es war deine Absicht, ... 218
   Durchlässigkeit ist dein größter Schutz 219
   Der Ausdruck deiner inneren Größe 221

Über die Autorin 225

*Deine Seele
ist dein wahres Ich*

DEINE SEELE IST DEIN WAHRES ICH

Wann beginnst du, ...

die Welt in ihrer Wahrhaftigkeit anzusehen? Wie sie dir voller Liebe und unendlicher Hingabe Möglichkeiten aufzeigt, zu einem Leben zu finden, das dir vollkommen entspricht. Wie sie dir ständig Wiederholungen anbietet, wenn du wieder zu mutlos warst, das letzte Signal zu beachten. Permanent wird dir in Fülle das geschenkt, was du kreiert hast und dir sehnlichst wünschst. Doch dein andauernder Drang zur Verweigerung deiner eigenen Vollständigkeit hindert alles an seiner Umsetzung.

Tief in dir hast du es bereits seit jeher geahnt. Und doch immer wieder verdrängt, da du nicht wusstest, wie du mit dieser Sehnsucht umgehen sollst. Es ist das starke Bestreben danach, den Dingen in deinem Leben wahre Schönheit und Bedeutung zu verleihen. Doch diese innere Qualität kannst du nur den Dingen geben, die wahrhaftig aus dir selbst kommen und wirklich zu dir gehören.

Du sehnst dich vielleicht von Herzen danach, dass es ganz bestimmte Situationen und Menschen geben möge, die für dich und dein Leben genau richtig sind. Die für dich vorgesehen sind und die Fähigkeit haben, dich wahrhaft zu erfüllen, wenn du ihnen begegnest. Doch die meisten von uns verwerfen diesen Gedanken immer wieder, da wir den stimmigen Weg mit den Mitteln, die wir an die Hand bekommen haben, nicht so recht finden können.

Im Laufe des Lebens geben wir meist die Verantwortung dafür ab, dass wir eigentlich von Beginn an intuitiv spüren können, was wirklich richtig für uns ist und was nicht. Und so verliert sich mit der Zeit das wegweisende Potenzial unserer Seele immer mehr: Die Fähigkeit, den stimmigen nächsten

Schritt in allen Belangen zuverlässig erkennen zu können. Denn Willkür entspricht weder unserem Wesen noch unserer Seele. Unser Herz hängt wie verrückt an etwas, mit dem es ganz im Einklang ist.

Im Grunde sehr eindeutige Hinweise begegnen dir auf deinem Weg immer wieder. Etwa dann, wenn du von Zeit zu Zeit Menschen begegnest, die dich auf wundersame Weise tief bewegen. Vielleicht durch ein zunächst scheinbar unverbindliches Gespräch, aber mit Worten, die dich so sehr berühren und in Bewegung versetzen, dass du umgehend den Drang verspürst, dein Leben zu verändern und endlich deinem Inneren anzupassen. Vielleicht findest du dich unerwartet in einer Situation wieder, die dein Herz überwältigend weit werden lässt, sodass du deinem wahren Wesen für einen Moment gestattest, sich vollständig zeigen zu dürfen. Oder du findest tiefe Bestätigung in einer Tätigkeit, für die du erstaunlicherweise so große Liebe empfinden kannst, dass du regelrecht in ihr versinkst und dich selbst darin verlierst. Das ist wundervoll magisch anmutend und doch real inspirierend und aufrüttelnd.

Jeder von uns kennt diese Momente, die das Potenzial haben, das eigene Leben nachhaltig zu verändern. Eines haben diese Begegnungen gemeinsam: Sie befreien uns für einen Augenblick von unserem beengenden Selbstbild und lassen uns unbefangen erkennen, wie wir wirklich als ganzes Wesen gemeint sind und wie sich unsere ursprüngliche Intention und der daraus folgende Verwirklichungsdrang auf dieser Welt tatsächlich anfühlen. Daraus entsteht ein tief berührendes Gefühl, das durch nichts anderes in uns ausgelöst werden kann. Wir fühlen unseren wahren Kern. Den Ankerpunkt unserer Seele.

In welcher Form und Sprache sie dir auch begegnen mögen, solche inspirierenden Erlebnisse verstärken deine Ahnung immer mehr, dass es tatsächlich Dinge gibt, die exakt mit dir übereinstimmen, die ganz genau zu dir passen. Und die die Fähigkeit haben, dein Leben wahrhaftig zu beseelen.

Was in jedem von uns existiert

Die erste Frage, an die ich mich bewusst zurückerinnern kann, ist die Frage nach dem Sinn meines Lebens. Ich war noch ein kleines Kind und hatte das tiefe Bedürfnis zu erfahren, warum ich hier war. Tieftraurig darüber, dass meine Eltern keine zufriedenstellende Antwort darauf geben konnten, weinte ich mich oftmals in den Schlaf. Keine Worte konnten meine innere Leere füllen und mich beruhigen. Es musste doch einen Sinn für dieses Leben geben. Und warum wusste den keiner? Aus irgendeinem Grund schmerzte es mich unglaublich, hier zu sein. Ich empfand die Welt als hart und kühl. Alles schien irgendwie wehzutun. Irgendwann bezeichneten meine Eltern dieses Gefühl als „Weltschmerz" und versuchten, mit meiner Trauer zurechtzukommen. Zugleich hatte ich ein schlechtes Gewissen, ihnen eine solche Last aufzubürden. Denn ich hatte damals scheinbar alles, was man als Kind eben braucht, um glücklich sein. Dennoch blieb das Gefühl, dass etwas Wichtiges fehlte.

Die Zeit verging und ich trug diese Leere weiter in mir. Bis ich etwa acht Jahre alt war. Damals begann meine Mutter, Abendkurse für eine Ausbildung zur Heilpraktikerin zu belegen. Im Zuge dessen füllten immer mehr interessante Bücher unser Zuhause und nach Kursabenden hatte sie spannende Geschichten zu erzählen. Besonders die spirituellen Inhalte lösten großes Interesse in mir aus. Ich bekam auf einmal Zugang zu einer Welt, die mehr zu sein schien als nur das Äußere, das ich als so hart empfand. Zum ersten Mal in meinem Leben fühlte ich mich innerlich aufgefüllt. Es machte mich unfassbar glücklich, dass endlich jemand zugab, dass da „mehr" war.

Sobald du beginnst, wirklich hinzusehen, beginnt alles in dir zu heilen.

Da mich kaum etwas anderes so sehr interessierte wie dieser „Stoff", verbrachte ich meine Jugend mehr oder weniger still und zurückgezogen mit spirituellen Themen, Büchern und Meditation. Damals war es mir noch sehr unangenehm, vor anderen zu gestehen, womit ich mich in meiner Freizeit beschäftigte. Lediglich in den Kursen, die meine Mutter später hielt, fand ich mich gut aufgehoben. Hier konnte ich frei sprechen und meinem Innersten freien Lauf lassen.

Seit jeher war ich fasziniert von den inneren Strukturen der Menschen. Schon länger spürte ich, dass es mich am stärksten berührte, wenn ich Menschen traf, die ihrem wahren Inneren Gehör schenkten. Die Dinge taten, Berufe ausübten oder Partner hatten, die stimmig zu ihnen passten. Dies ließ in mir fantastische Glücksgefühle entstehen. Es rührte mich zu Tränen. Und ließ mich fühlen, als wäre es meine eigene Freude.

Erkennen konnte ich diesen „wahren Ausdruck" bereits damals über das Energiefeld der Menschen. Ich nahm es schon früh als eine Art veränderbare Struktur war. Ähnlich einem Kristallgitter oder einer Netzstruktur, die sich entweder in stimmig berührender Ordnung und Schönheit darstellte oder deren Teilchen sich unangenehm durcheinander und eher chaotisch formierten. Und dieses Feld konnte sich augenblicklich verändern und bestand immer aus einer Symbiose von der Sache selbst und der vom Menschen hinzugefügten Intention.

Was ich beobachtete, ist vereinfacht gesagt so: Dachte jemand an eine Person, die er einfach gern mochte, so blieb das Energiefeld in wunderbarer Ordnung. Fügte er jedoch den Wunsch hinzu, mit dieser Person eine Beziehung einzugehen, veränderte sich das Feld und zog sich beispielsweise an einigen Stellen zusammen, verengte sich oder erzeugte Durcheinander. Das war zum Beispiel der Fall, wenn zwei Menschen sich zwar in guter Freundschaft begegnen konnten, eine partnerschaftliche Beziehung jedoch kein stimmiger Weg war. Ebenso verhielt es sich auf allen anderen Ebenen. Privat wie beruflich, in kleinen und in großen Angelegenheiten.

Richtig greifen und verstehen konnte ich diese Wahrnehmung jedoch erst später. Es musste aber wohl eine Art grundlegende, einzigartige Energieform jedes Menschen geben und dazu spezifisch passende Stimmigkeiten, also Lebenskonstellationen, die zueinander passten. Sodass die daraus entstehende Energiestruktur einfach wundervoll gleichmäßig und geordnet schwingen konnte. Irgendwann fiel mir auf, dass eine solche Harmonie nicht nur auf mich so herzöffnend wirkte, sondern auch von den meisten anderen verdeckt, aber deutlich spürbar war.

Potenziale wollen gelebt werden

Dann stand ich aber kurz vor Beginn eines „normalen" Studiums. Es begann eine Phase des Rückzugs von all diesen Themen, die mir scheinbar im täglichen Leben nicht recht weiterhelfen konnten und in ihrer Tiefe im Alltag leider nicht besonders angesehen waren. Die verbreitete spirituelle Welt mit ihren typischen Terminologien und Tools konnte mich nicht befriedigen. Sie schien mir zu weltfremd und wenig praxisnah zu sein. Die mir bekannte „Szene" sprach von Dingen wie Aura, Engeln und Magie in einer Weise, durch die ich keine Hilfestellung für mein tatsächliches Leben erkennen konnte. Es schien mir oftmals eher eine Art Fluchtraum vor dem eigenen Leben zu sein.

Ich sehnte mich also nach einem Weg, der Spiritualität auf alle Situationen des persönlichen Lebens übertragen konnte. Denn ich war mir absolut sicher und bin es heute noch, dass unsere eigene Energie und Spiritualität für alle unsere Lebenswege, Entscheidungen und Begegnungen die Grundlage ist. Ich wollte dabei jedoch die Fragen des greifbaren, praktischen Lebens beantworten können: Wie kann man im alltäglichen Leben den richtigen nächsten Schritt erkennen? Welcher Beruf entspricht einem tatsächlich? Welcher Partner stimmt wirklich? Führt mein Lebensweg dorthin, wo ich wirklich ankommen kann?

Unterdessen wurde mir klar, dass ein Leben ohne diesen tief innerlich berührenden Aspekt einfach nicht die Fähigkeit hat, wahre Lebendigkeit zu erzeugen und für mich selbst keinen erfüllenden Sinn zu ergeben schien. So drängte sich die Frage in meinem Kopf wieder auf, warum ich denn nicht ganz den Weg eines spirituellen Beraters einschlagen wollte. Die Menschen baten immer wieder um Unterstützung und ich konnte ihnen helfen, ihre eigenen inneren Strukturen zu lesen und die stimmigen Schritte ihres weiteren Lebens zu erkennen. Diese Arbeit erfüllte mich so sehr, dass ich endlich auch Kurse dazu gab, in denen ich die Techniken zeigte, die helfen, sich selbst lesen zu lernen. Inzwischen weiß ich mit

Sicherheit: Das größte Potenzial, das in dir steckt, ist es, zu jeder Zeit erkennen zu können, welche Schritte des Weges die wirklich stimmigen für dich sind.

Denn bis heute stellt Spiritualität für mich keinen Selbstzweck dar, es ist vielmehr eine grundlegend sinngebende, innere Strategie, die wir entweder annehmen können – was uns das Leben erheblich erleichtert –, oder aber wir wünschen uns, den anspruchsvolleren Weg mithilfe von Verstandeskonstruktionen zu erschließen. Vielleicht ahnst du aber, dass sich dein Inneres dabei quasi von dir verabschiedet. Ein Teil von dir wird so immer fehlen. Nämlich der Teil, der wahre Berührung schafft.

Nachdem ich mein Studium abgeschlossen und nebenbei wie „zufällig" eine wunderbar passende Partnerin für den Schritt in die berufliche Selbstständigkeit gefunden hatte, gründeten wir gemeinsam ein Designbüro, weil es sich zu dieser Zeit einfach absolut stimmig anfühlte. Wir begannen eine Arbeit, die wir mit genau diesen inneren Qualitäten und Antworten ausfüllen und immer wieder fühlend beleben wollten, indem wir alle Projekte, die wir planten und umsetzten, nach etwas „anderen" Gesichtspunkten austesteten und auf dieser Basis entschieden. Was in Folge dieser Grundhaltung dabei immer wieder an Erfolgreichem und Inspirierendem entstand und sich heute immer noch weiter entwickelt, empfinde ich einfach als unfassbar schön, faszinierend und erfüllt mich mit tief berührender Dankbarkeit.

So kann Spiritualität ganz unterschiedliche Ausdrucksweisen und Facetten annehmen, die manchmal vermeintlich Welten auseinanderliegen. Aber Stimmigkeit kann sich eben nicht nur durch Gefühle ausdrücken, sondern genauso durch Daten, Zahlen und Fakten.

Ich möchte dich mit diesem Buch ermutigen, wieder daran zu glauben, dass dein Inneres dich und deine Welt ganz genau kennt und dir zu den stimmigen Menschen, Orten und Umständen verhelfen kann, die einfach „deine" sind. Doch du musst dir selbst dafür auch Raum geben, dich einzufühlen in deine Tiefe und die Antworten der inneren Stimme wahrnehmen lernen. Denn wenn du sie nicht in dein Leben einbinden möchtest, so wird sie eben auch *darauf* hören und das wunderbar sinnstiftende Potenzial deines Wesens, nämlich dein intuitives Erkennen, wird sich immer weiter zurückziehen.

Erst wenn du das Potenzial deiner eigenen Seele lebst, erfüllt sich dein lang ersehntes Sinnempfinden.

In diesem Buch findest du die Erfahrungen und Erkenntnisse zusammengefasst und versammelt, die ich selbst über die Jahre hinweg gelebt und erfahren habe. Alles, was darin beschrieben ist, stammt aus meinen eigenen Erfahrungen, meinem persönlichen Fühlen und meinen eigenen Beobachtungen.

Ich behaupte keineswegs, eine Art allgemeingültige Wahrheit zu kennen. Doch vielleicht kann ich dir durch die beschriebenen Übungen so manches für dich wertvolle Tool an die Hand geben, das dir hilft, mehr Lebendigkeit und Sinnempfinden in dein Leben zu holen und es mit mehr Hingabe und Einfühlungsvermögen zu beseelen. Achte dabei einfach auf dein eigenes Gefühl und darauf, was sich für dich persönlich bei jedem Schritt stimmig anfühlt. Und vielleicht inspiriert dich das eine oder andere dazu, selbst einen ganz neuen, einzigartigen Weg zu gehen.

Dieses Buch besteht aus zwei zusammenhängenden Teilen. Einem Teil, der dich wieder dazu befähigt, dein eigenes Inneres klar und deutlich erspüren zu können. Der dich zu innerer Ganzheit führt, indem du lernst, dein eigenes Energiefeld stimmig zu reinigen und zu ordnen, um dich selbst wieder feinfühliger einsehen zu können und aus dieser Energie heraus dein Leben in deinem eigenen Format erfolgreicher denn je zu gestalten.

Dies bildet die Grundlage für den zweiten Teil, in dem dir erklärt wird, wie du in allen Lebenslagen wahrhaftig intuitive Entscheidungen treffen kannst. Dabei stelle ich dir verschiedene Entscheidungssysteme vor, die du sehr klar in deinen Alltag integrieren und nutzen kannst.

Zahlreiche konkrete und leicht umzusetzende Übungen sorgen dafür, dass du immer sicherer wirst, das Erlernte in dein eigenes System zu integrieren und schnell abzurufen – selbst dann, wenn du in gewohnte alte Muster zurückfallen solltest.

In diesem Sinne wünsche ich dir ganz viel Freude mit diesem Buch auf deinem hoffentlich ganz wundervollen und einzigartigen Lebensweg!

Die Sehnsucht, dich selbst zu finden

Wir sind fasziniert von Menschen, die ihrem ganz eigenen Herzensweg folgen und damit auch noch erfolgreich sind. Es berührt uns, wie manche den Mut besitzen, ihre individuell eigene Geschichte zu schreiben, losgelöst von den beeinflussenden Meinungen und Ansichten anderer. Ganz intuitiv können wir so wahrnehmen, wie manche Menschen ihrem wahren Wesen Aufmerksamkeit schenken und es schaffen, mit vollem Vertrauen in das eigene Selbst ihren ganz eigenen Potenzialen Ausdruck zu verleihen.

Dabei ist es nicht der Erfolg selbst, der die Fähigkeit hat, uns aufhorchen zu lassen. Sondern der Umstand, dass diese Menschen ihr Innerstes durchscheinen lassen und sich so zeigen, wie sie wirklich sind. Es ist die Hingabe an sich selbst, die uns dabei so berührt. Denn wer sein wahres Wesen zeigt und so seiner eigenen Seele Ausdruck verleiht, erscheint mit einer außergewöhnlich klaren Ausstrahlung und liebevollen Anziehungskraft. Unmittelbar fühlen wir, dass echte Authentizität anderer Menschen auch die Fähigkeit hat, unser eigenes Herz zu öffnen. Und wir spüren für einen Augenblick, wie gelebte Integrität, also die äußere Übereinstimmung mit dem Innenleben eines Menschen, die Kraft hat, unsere eigene Seele in Aufruhr zu versetzen. Wir haben bei diesen Gelegenheiten die faszinierende Fähigkeit, wirklich „Echtes" zu erkennen.

Was dich wirklich inspiriert

Diese Anziehungskraft des wahren inneren Ausdrucks erfahren wir deshalb so intensiv, weil jeder von uns seine ganz eigene Wahrheit in sich trägt. Alles, was in uns angelegt ist, möchte früher oder später ans Licht kommen, und es wird stets auch einen Weg finden, deine Aufmerksamkeit zu erlangen! Diese innere Wahrheit hat die Macht, Gefühle ans Licht zu bringen, denen wir vielleicht keine Beachtung mehr schenken wollten, da wir nicht wussten, wie wir sie stimmig in unsere Welt integrieren konnten. Durch authentisch handelnde Menschen fühlen wir uns also nicht etwa dazu berufen, Ähnliches wie diese zu erschaffen, sondern vielmehr versetzt uns diese Energie so sehr in Schwingung, dass wir an unser eigenes „Echtes" erinnert werden. Wir erinnern uns dadurch an eine eigene innere Wahrheit, die schon längst an die Oberfläche drängen möchte, um lebendig zu werden. Denn alles Echte hat die Eigenschaft, in uns die Sehnsucht nach wahrer Hingabe an unsere eigenen Facetten zu wecken. Wir wünschen uns augenblicklich, ihnen ebenfalls einen stimmigen Ausdruck im äußeren Leben zu verleihen.

Durch den Funken einer solchen Begegnung blüht ein vertrautes Streben erneut in uns auf, doch endlich die Potenziale zu leben, die wir in uns tragen, und das hat die Fähigkeit, unser Herz für einen Augenblick vollständig zu öffnen. Wir geben uns selbst für einen Moment die Erlaubnis, alles, was wir sind, erspüren zu dürfen und an die Oberfläche durchdringen zu lassen. Wie aus dem Nichts entstehen neue Kraft und Zuversicht, Weite macht sich in uns breit, unser Herz kann sich wieder hinaussenden und wir sind bereit, den nächsten sinnvollen Schritt im Sinne unserer Seele zu tun.

Deine Seele ist nämlich dein wahres Ich, und sie lebt von solch inspirierenden Momenten. Sie zieht ihre einzigartige Kraft aus den Begegnungen mit Dingen, die deinem Leben und deiner energetischen Qualität eine stimmige äußere Entsprechung aufzeigen. Doch halten solche Impulse leider nie lange an,

DIE SEHNSUCHT, DICH SELBST ZU FINDEN

wenn sie nicht tatsächlich Aspekte enthalten, die in deinem Inneren angelegt sind und so auf Resonanz treffen. Denn:

Jede Inspiration verblasst, wenn wir das nicht nutzen, was sie in uns erzeugt.

Genau diesen Erweckungseffekt aber möchten diese Begegnungen in dir veranlassen. Sie möchten Anteile in dir zum Klingen bringen, die bislang ungelebt oder unentdeckt waren. Von Wahrheit inspiriert, drängt unser Wesen nämlich danach, wieder einmal genauer hinzusehen, was tatsächlich in uns vorhanden ist und wo wir eventuell noch hinter dem Berg halten, aus Angst, Anteile unseres Selbst könnten sich nicht in unser Umfeld einfügen.

Doch nichts kann uns mehr berühren als unsere eigene innere Wahrheit. Die wir nur dann erfahren können, wenn wir uns nicht von den Ansichten anderer Menschen leiten lassen. Denn so ähnlich unsere Sehnsüchte sein mögen, so unterschiedlich sind doch unsere Wege, sie zu erfüllen. Wir alle sind Puzzleteile des größeren Ganzen, und doch steckt in jedem von uns ein ganzes Universum! In sich vollständig und erst dann ganz, wenn all dessen Teile in dir vereint sind. Wenn alle deine Fähigkeiten zusammenspielen und endlich das Gesamtkunstwerk, das du bist, erkennen lassen.

Deine Seele hat dabei den größeren Überblick; deine Fähigkeiten im Einzelnen können das nicht. Es mag eine deiner Stärken sein, analytisch zu denken, doch dein Verstand ist nur eine deiner wundervoll nützlichen Fähigkeiten. Wenn er jedoch nicht der höheren Intelligenz, deiner inneren Stimme, folgen möchte, wird er nur über vielerlei Umwege und Anstrengungen oder gar niemals ein Ziel entdecken, dessen Weg dorthin allein dich schon erfüllen könnte.

Das Tun anderer Menschen kann uns immer wieder ermutigen in unserem Leben, doch es kann uns niemals unseren ganz individuellen Weg erkennen lassen. Die Lösung liegt niemals darin, den Weg eines anderen nachzuahmen, sondern darin, durch den Anstoß anderer den eigenen Weg entdecken zu wollen.

Es gibt eine besänftigende Gewissheit, die dir hilft, deinen eigenen Lebensweg mit Integrität und Hingabe zu gehen:

Es folgt stets etwas Besseres nach, wenn du loslässt, was nicht wirklich zu dir passt.

Ein geöffnetes Herz, das sich voller Weisheit traut, die Wahrheit zu erspüren und so anzunehmen, wie sie tatsächlich ist, wird dich leiten.

So ist nun die Chance gekommen, Schritte zu gehen, die dich wieder zu den Potenzialen führen, die in dir angelegt sind. Werde selbst zu einem solchen wunderbaren Menschen, der andere wahrhaftig berühren kann und an ihr wahres Selbst erinnert, schlicht durch selbst geschaffene Integrität und lebendige innere Wahrheit. Denn jeder von uns wünscht sich, mit dem eigenen Wesen und dessen spezifischen Fähigkeiten inneren und äußeren Erfolg zu haben. Sich in sich selbst vollständig zu fühlen und in einer Umgebung zu leben, die einem wahrhaft entspricht.

Doch dafür müssen wir zunächst selbst wahrhaftig sein, unserem Wesen die Aufmerksamkeit schenken, die es benötigt, um Antworten deutlich zu machen, und unserer Seele die Hingabe zuteilwerden lassen, die sie aufblühen und lebendig werden lässt. Die vergessenen inneren Fähigkeiten bieten nach wie vor das größte Potenzial, das es wieder zu entdecken gilt!

DIE SEHNSUCHT, DICH SELBST ZU FINDEN

Du bist zu Hause in dir selbst

In jedem Menschen existiert seit jeher eine tief verwurzelte Sehnsucht, zu entdecken, was ihn wirklich ausmacht. Wir möchten alle unsere Facetten erkennen können, um für uns selbst ein Gesamtbild unseres inneren Wesens zu erhalten. Wir wollen in der Welt als diejenigen handeln, die wir wirklich sind, und uns in dem wiedererkennen, was wir tun. Bereits in früher Kindheit haben wir dieses Bedürfnis, unseren ganz individuellen Weg zu entdecken und darin aufzugehen. Mit klarer Bestimmtheit horchten wir schon als kleine Kinder in unser Inneres, um zu erfühlen, was diesem entsprechen würde. Es ist die erste Herzensentscheidung, die wir bewusst treffen – noch nicht ahnend, welche Unzahl an Möglichkeiten diese Welt bereithalten wird.

Wir gleichen zu jeder Zeit und bei jeder Etappe unser Inneres mit dem Äußeren ab und testen, ob die beiden Welten noch in Harmonie zueinander stehen. Sobald sie das nicht tun, suchen wir automatisch nach Optionen, diese Ordnung wiederherzustellen. Erst wenn wir eine Tätigkeit oder Beziehung erschaffen haben, durch die unser Herz aufhört, nach Alternativen zu forschen, fühlen wir uns am richtigen Ort angekommen.

Die Sehnsucht, sich selbst zu finden, ist dabei eigentlich die Sehnsucht nach einem Gefühl der universellen Verbundenheit. Unser Leben lang streben wir danach, mit verschiedenen Dingen eine Verbindung einzugehen und in einem Gemeinschaftsgefühl aufzugehen. Wenn wir bei uns selbst ankommen, dann ist es keineswegs das Erkennen der Alleinstellungsmerkmale unserer Persönlichkeit, das uns das Ziel fühlen lässt. Es ist das tief verwurzelte Grundgefühl unseres Seelenwesens, das uns ruhig werden lässt, wenn wir darin eintauchen. Sobald du dieses in seiner Ganzheit erfassen und erfühlen kannst, hast du dich mit dir selbst bekannt gemacht. Die innere Aufgabe ist erfüllt und du fühlst dich ganz natürlich mit allem verbunden. Dieses Gefühl ist die perfekte Voraussetzung, um deine eigene Welt voller Enthusiasmus zu gestalten. Und zugleich das unbeschreiblich schöne Gefühl, in dir selbst ein Zuhause gefunden zu haben.

> *Sobald du dich mit dem äußeren Aspekt*
> *deiner inneren Sehnsucht verbindest,*
> *wird dieses „Ziehen" in dir verstummen.*

Denn wenn du tust, was dir wahrhaft entspricht, verlierst du dich in der Tätigkeit selbst. Du verschwindest als Persönlichkeit und Einzelwesen und tauchst ganz in die Sache ein. Du lebst in ihr, drückst dich durch sie aus und beginnst dadurch, die Vernetzung aller Dinge intensiv zu spüren. Genau das ist es, was unsere innere Sehnsucht auslöst. Sie soll uns an Orte führen, an denen wir uns als Puzzleteil im großen Ganzen einfügen können. Dorthin, wo es eben wirklich passt.

Deine Zusammensetzung macht die Besonderheit

Mag es auch ab und an so anmuten – dein Weg besteht keineswegs aus unzusammenhängenden Teilen. Vielmehr aus einzelnen Puzzleteilen, die entweder genau passen oder eben nicht. Setzt du das Bild Stück für Stück mithilfe passgenauer Details zusammen, ergibt sich letztlich ein stimmiges Gesamtbild, das eine tief empfundene Zufriedenheit erzeugen kann. Füllst du dein Leben jedoch mit Inhalten, die zunächst zwar schön erscheinen mögen, doch nicht deinem innersten Wesen entsprechen, so wird sich dein Leben langfristig in

DIE SEHNSUCHT, DICH SELBST ZU FINDEN

einem Zustand befinden, der sich anfühlt, als würde es aus unzusammenhängenden Einzelteilen bestehen.

Doch das bedrückendste Gefühl, das wir haben können, ist, dass wir im Verlauf unseres Lebens beziehungslose Einzeldinge tun, die sich scheinbar nicht zu einem Gesamtbild, einem „ganzen Ich" ergänzen wollen. Wir fühlen uns dann innerlich getrennt von dem, was uns ausmacht, und können unser Dasein scheinbar nicht wirklich zu tief empfundener Lebendigkeit erwecken. Irgendetwas fehlt einfach. Und wir können rein äußerlich meist nicht ausmachen, was es ist, das zum Glücklichsein noch notwendig ist.

Selbst wenn das Leben, das wir führen, äußerlich attraktiv aussehen mag, hat das nichts mit unserem inneren Gespür für Sinn zu tun. Das ist der Grund, warum wir uns in Situationen, die uns doch eigentlich zufriedenstellen sollten, haltlos fühlen. Wenn wir vielleicht den Job bekommen, den wir immer wollten, und dabei feststellen, dass wir noch immer dieses Gefühl von Rastlosigkeit in uns empfinden. Oder wenn wir den gewünschten Partner endlich bei uns haben, jedoch immer „mehr" von diesem fordern müssen, da dessen wesenseigene Energie einfach nicht stimmig zu unserer passt und wir bei jedem erneuten Versuch hoffen, dass sich endlich ein Gefühl von Übereinstimmung einstellt. Doch wird dich auch hier „mehr" nicht zufriedenstellen. Denn folgen wir längerfristig Tätigkeiten und Beziehungen, die wir nicht wirklich auf ihren Sinn hin überprüft haben, so fühlen wir uns immer leerer, orientierungsloser und fremd in unserer eigenen Welt.

Ein Gefühl von Sinnhaftigkeit kann nur dadurch entstehen, dass wir einer wirklich stimmigen Richtung in unserem Leben folgen. Die wiederum nur dann erkannt werden kann, wenn wir jeden einzelnen Schritt auf seine Stimmigkeit hin überprüfen lernen. Wenn wir uns in dem wiedererkennen können, was wir tun, und in den Menschen gespiegelt sehen, die uns umgeben. Dann stellt sich eine berührend tiefe, innere Ruhe ein.

> *Du bist zufrieden mit deiner Geschichte,*
> *wenn der rote Faden, das verbindende Element*
> *all deiner Erlebnisse, erkennbar wird –*
> *deine wesenseigene Energie.*

Wahrhaften Lebensgeist und Motivation erhalten wir auf lange Sicht nur dann, wenn wir leben, was unsere Intuition uns sagt, und den Weg gehen, den sie uns konsequent und zuverlässig weist. Denn Intuition ist viel mehr als nur ein spiritueller Wegweiser. Sie ist das Potenzial, das uns befähigt, alle Fragen unseres Lebensweges stimmig beantworten zu können. Sie ist die Sprache der Seele, auf die wir meist erst dann aufmerksam werden, wenn die äußeren Fragen zu komplex werden, um sie noch logisch beantworten zu können. Erst dann wenden wir uns aufgrund des Verlustes von äußerer Kontrolle nach innen, um nun hier nachzufragen, was denn eigentlich richtig ist. Es ist der Moment, in dem du scheinbar aufgegeben hast, aber in Wirklichkeit jetzt alles zu fließen beginnt, da du dich wieder mit dem Wertvollsten vereinst, das du besitzt: deiner inneren Weisheit. Für sie brauchst du weder geistige Intelligenz noch äußeres Wissen.

Wie würde wohl dein Leben verlaufen, wenn du beginnen würdest, deinem inneren Wesen jetzt ganz bewusst die Berechtigung zur Führung zu übergeben, die es im Grunde schon immer hatte? Als diejenige Instanz, die vorgesehen ist, um dich sicher zu führen und durchs Leben zu geleiten.

Denn wenn du ehrlich bist, ahnst du bereits bei einigen Situationen, wie sich eine stimmige Entwicklung darstellen würde.

Alles, was es dazu braucht, ist deine Bereitschaft hinzusehen, was wirklich da ist, und diese Antworten tatsächlich anzunehmen. So ist dieses Buch eigentlich ein Kurs für die Intuition, wahre Entscheidungen zu erkennen. Denn unser wahres inneres Potenzial ist es, stimmige Schritte zu erkennen, die uns zu dem Leben führen, das für uns absolut stimmig ist. Die Voraussetzungen sind deine eigene innere Ganzheit und die Fähigkeit zu erkennen, was eine wirklich richtige Entscheidung überhaupt ist.

Nimm Platz in deiner eigenen Welt

Willst du die Welt neutral sehen? Oder möchtest du sie nicht viel eher als deine eigene Welt erkennen? Mit all den Dingen, die für dich genau stimmig sind, die deinen Weg unterstützen und dich in deinem Kern erfüllen? Möchtest du nicht viel lieber genau das deutlich aufleuchten sehen, was zu dir passt, während sich alles andere im Hintergrund halten darf?

Immer wieder waren für dich die Meinungen, Ansichten und Auffassungen anderer wichtiger als deine eigenen. Und manchmal fiel es dir gar nicht mehr auf, dass es ursprünglich der Gedanke eines anderen Menschen war, den du ungeprüft in dir aufgenommen hast, um ihn dann in deine eigene Welt zu integrieren. Denn wozu wir uns nicht im Voraus unsere eigenen Gedanken und Gefühle stimmig bewusst gemacht haben, sind wir sehr offen für die Urteile anderer Menschen.

Auch wenn wir als Kinder tief in uns fühlten, dass diese Welt weit magischer sein kann und viel intuitiver beschritten werden könnte, als die meisten Erwachsenen ihren Weg gehen, nahmen wir doch ihre Ansichten an, um sie als unsere eigenen ins Leben zu integrieren. Es wirkt ab und an beinahe so, als würden wir davon ausgehen, dass Kinder, die mehr sehen und spüren als wir Erwachsenen, mit einer Art falschem Programm auf die Welt gekommen sind und wir müssten sie erst lehren, „richtig" zu denken. Doch woher kommt wohl diese „Vorprogrammierung" kleiner Kinder? Ist es nicht einfach nur das, was wir hierher mitgebracht haben?

Feinfühligkeit für die Welt und einen Sinn für die eigene Seele. Und die ursprüngliche Fähigkeit, in das Wesen aller Dinge hineinspüren zu können. In das Wesen der Menschen, der Tiere, der Pflanzen, des Partners, das Wesen unseres Berufes und der Vielfalt unserer Tätigkeiten. Und vor allem, in unser eigenes Seelenwesen, das uns mit all den Eigenschaften ausstatten kann, die wir uns im Alltag wieder wünschen.

Warte also nicht auf die Analyse und Bestätigung anderer. Wir können von anderen Welten fasziniert und inspiriert sein, doch diese Faszination will uns eigentlich nur auf die Tiefe aufmerksam machen, die in uns selbst vorhanden ist. Die innere Wahrhaftigkeit, die uns – wenn wir einfach nur aufmerksam hinhören – zu den Situationen im Leben leitet, die genau zu unserer Welt stimmig passen.

Wenn du aus deinem Anders-Sein etwas Ganzes erschaffst, wird es akzeptiert werden.

Es existiert eine feinstofflich geformte Ordnung. Wir sind nicht alle gleich und haben die unterschiedlichsten Impulse und Fähigkeiten. So ist es nur logisch, dass wir alle verschiedene Wege beschreiten müssen, um an unseren ganz persönlichen Erfolg zu gelangen. Denn genau das ist ja Erfolg, ein sehr persönlich geprägtes und ausgeformtes Erlebnis, das nur dann zutage tritt, wenn du deinen eigenen Impulsen tatsächlich folgst.

Jeder Mensch besitzt dabei eine eigene, einzigartige und von innen heraus geschaffene Welt, die ein perfekt sitzendes Teil im Gesamtsystem darstellt. Wir erkennen, dass jeder von uns anders aussieht und wir unterschiedliche Talente haben. Doch wenn wir auf unser Gefühl hören, erkennen wir auch, dass jeder Mensch einen ganz eigenen Weg in sich trägt. Bereits seit unserer Kindheit versuchen wir jedoch, mit den Regeln anderer unser eigenes Spiel zu durchschauen. Doch das führt uns meistens in eine Sackgasse.

◉ DEINE SEELE IST DEIN WAHRES ICH

*Du kannst dein eigenes Spiel
nicht mit den Regeln anderer durchschauen.*

Wir müssen auch nicht alles kennengelernt haben, um zu erkennen, was das Richtige für uns ist. Es gibt hier kein Ausschlussverfahren, sondern immer nur eine stimmige Richtung. Wir müssen nicht alle Menschen unserer Umgebung kennengelernt haben, um wahrzunehmen, wann die Person vor uns steht, die etwas Besonderes für unseren Lebensweg bedeutet. Was es wirklich braucht, ist einfach nur die Fähigkeit, diese Elemente unseres Weges auch als Besonderheit erkennen zu können, wenn wir ihnen begegnen.

Wir haben uns so sehr darauf konzentriert, möglichst viele Dinge in uns aufzunehmen, anstatt zu lernen, den richtigen Filter für unser Leben anzuwenden! Dabei sieht jeder die Welt sowieso mit seinen eigenen Augen, und das ist auch gut so. Wir versuchen, neutral zu bleiben, auf Fakten zu hören ... doch wo bringt uns das hin?

Wir lassen uns auf alle anderen Schwingungen eher ein als auf unsere eigene. Weil wir Angst haben, dass wir dann womöglich etwas Wichtiges verpassen oder gar zu sehr von uns selbst eingenommen sind. Doch das Einzige, was du wirklich verpassen kannst, bist du selbst!

Jede Welt ist dermaßen komplex, dass nur die Intuition sie wahrhaft verstehen kann. Wenn wir nur die einzelnen Teile betrachten, verliert der große Zusammenhang meistens seinen Sinn.

So manches Mal gelingen uns Dinge, bei denen anderen und manchmal auch uns selbst klar ist, dass nur wir sie genau auf diese Weise tun konnten. Manches Mal sehen wir auf das Leben anderer und spüren fasziniert, dass deren Spielregeln zwar wunderbar funktionieren, doch wenn wir sie selbst anwenden würden, könnten wir dadurch nichts erreichen. Wir sollten also beginnen, unserer eigenen Welt zu vertrauen und uns die Erlaubnis geben, unser eigenes Leben zu leben, ohne es ständig mit der Welt anderer Menschen zu vergleichen.

Das Leben ist viel intelligenter, als du es ihm meist zugestehst. Ohne große Umschweife kann es dir anzeigen, was deinem Innern entspricht. Du musst dabei nicht das Ziel im Auge behalten, sondern das Gefühl, das du deinem Ziel zuschreibst. Dann kannst du mit analytischer Klarheit erkennen, welche einzelnen Aspekte deines Lebens zu diesem Ziel führen werden, und welche nicht. Denn das ist es, was in dir zu Hause ist: ein unglaublich weises, hingebungsvoll liebevolles Seelenwesen, das alles über dein Fühlen erfassen will, um die „richtigen" Dinge zu erkennen.

Es geht nicht darum, alles Wissen der Welt in sich zu versammeln, um daraufhin völlig verwirrt nicht mehr zu wissen, wo du eigentlich deinen Ursprung hast. Diese Vielfalt von Möglichkeiten, die Masse an Informationen, die die Welt jedem Menschen bietet, weist darauf hin, welche deine grundlegende Fähigkeit sein sollte: Ein verständiges Gefühl dafür, was genau richtig für dich ist, was du passend aus der Masse auswählst und was sich stimmig in dein Leben einfügen kann. Sei dir dessen gewiss:

Du hast die grundlegende Fähigkeit,
genau die Informationen herauszufiltern,
die für dich von Bedeutung sind.

Doch um dieses tief in dir liegende, feinsinnig intelligente Wesen stimmig erfühlen zu können, solltest du erst einmal wieder eine ungetrübte Verbindung zu dir selbst herstellen.

Teil 1:
Schaffe innere Ganzheit

TEIL 1: SCHAFFE INNERE GANZHEIT

Erinnerst du dich ...

an deinen sehnlichsten Wunsch? Den Wunsch nach wahrhaftiger Berührung und nach harmonischer Übereinstimmung mit allem, was dich umgibt. Mit weit geöffnetem Herzen durch deine Welt zu gehen und zu erleben, wie es sich anfühlt, dein wahres Wesen vollständig in dich und deine Umgebung einfließen zu lassen. Und allen Dingen, die zu dir gehören, die Möglichkeit zu geben, dich augenblicklich zu erkennen. Mit dem tiefen Wissen darüber, dass alles zusammenfinden kann, was wirklich zusammenpasst. Und doch versuchen wir mit allen Mitteln zu verstecken, wer wir in Wahrheit sind, und haben dabei vergessen, was wir eigentlich vom Leben wollten.

Es existiert nichts Machtvolleres als deine wesenseigene Kraft zusammen mit der Ausstrahlung deines Herzens in Einklang mit dem, was deine Intuition für stimmig befindet. Ziehen diese Instanzen am selben Strang werden alle deine Ressourcen freigelegt und stehen dir für die Umsetzung deiner Projekte voll zur Verfügung. Die Potenziale deines Seelenwesens können dann in idealer Weise in den äußeren Realitäten zum Ausdruck kommen.

Dabei bestimmt dein Energiefeld ganz maßgeblich, wie dich deine Umwelt aufnimmt, inwieweit du überhaupt auf diese einwirken kannst und wie du von anderen Menschen wahrgenommen wirst. Du strahlst stets das aus, was in deinem eigenen Feld enthalten ist, also achte darauf, es mit Bedacht mit Sinnvollem zu füllen! Nur du hast die Fähigkeit dazu, niemand anderes kann das für dich tun. Egal, ob du Ordnung oder Chaos, Begeisterung oder Frust in dir trägst, dein Energiefeld passt sich deinen Gedanken und den dadurch entstehenden Gefühlen immer an.

Deine Umwelt erkennt diese Zusammensetzung deines Wesens als deine Ausstrahlung. Diese definiert, wie du auf Menschen wirkst, als wen oder was sie dich erkennen. Jedes Projekt und jede Beziehung kann stets nur auf deinem inneren Zustand aufgebaut werden, der in eben diesem Moment in dir vorhanden ist.

Es ist deine innere Qualität, die den Ausgang jedes deiner Vorhaben bestimmt. Denn bevor du etwas zu geben hast, ist es unbedingt notwendig, dass du damit auch angefüllt bist! Da du immer nur dich selbst geben kannst, solltest du von dir und dem, was wirklich „deines" ist, vollständig erfüllt sein, bevor du dich nach außen wendest, um zu handeln. Dann erlebst du das, was du Erfolg nennst; sonst ist alles nur beinahe richtig oder gar noch weniger. Denn du bist es, den deine Welt am dringendsten benötigt, um lebendig, schön und inspirierend erstrahlen zu können.

Bevor du deine eigene Wahrheit leben kannst,
musst du innerlich damit angefüllt sein.

Ohne dass du deine ganz persönliche Energie vollständig in die Dinge hineingibst, wird das, was du realisieren wirst, höchstwahrscheinlich eher nur so vor sich hin dümpeln, anstatt dir voller Enthusiasmus und auf deutliche Weise die Situationen oder Menschen aufzuzeigen, die zu deinem eigenen Leben stimmig dazugehören.

Magst du also noch so vielversprechende Potenziale in dir tragen, wenn du sie nicht klärst und entsprechend vollständig nutzen kannst, werden sie dir keine gute Hilfe sein. Du hast die Wahl, aus deinen Energieteilchen durch dein Bewusstsein ein mit der Außenwelt harmonierendes Ganzes zu bilden –

oder ein konfus anmutendes Gesamtbild, wenn du in dieser Hinsicht weiter unbewusst bleibst. Dabei bedarf es lediglich eines Augenblicks deiner zielbewussten Aufmerksamkeit, um alles so zu klären, dass es dir zu einem stimmigen Selbstgefühl verhilft.

Sorge also dafür, dass alles, was in dir steckt, auch zum Ausdruck kommen kann und dazu bereit ist, in deiner Welt etwas zu bewegen und wirklich Erfüllendes aufzubauen.

Die Berührung deiner inneren Wahrheit

Die meisten Menschen sind so sehr darauf bedacht, den „richtigen" Eindruck zu erwecken, dass sie dabei vergessen haben, was wirklich Eindruck macht.

Seit unserer Kindheit lernen wir beständig, uns angepasst zu verhalten, uns für unsere Umwelt stimmig auszudrücken und die richtigen Worte zu wählen. Wir kümmern uns sehr um unser äußeres Erscheinungsbild, doch selten um das, was die mit Abstand größte Macht und Wirkung hat: der innere Ausdruck.

Oft erkennen wir dies erstmals, wenn wir Menschen begegnen, die es wagen, sich ganz anders zu geben – berührend authentisch, mit der Bereitschaft, sich ganz auf sich selbst einzulassen. Fasziniert erkennen wir dann, dass das Leben auch auf ungewöhnlich andere Weise funktionieren kann und beobachten, wie wir Neuem meist skeptisch gegenüberstehen, weil wir es nicht sofort in eine unserer gedanklichen „Themen-Schubladen" einordnen können, durch die wir alles zu verstehen versuchen. Spüren wir jedoch einen Moment länger hin, ist ganz deutlich zu erkennen, was uns eigentlich in den Bann zieht. Es ist die berührende Ausstrahlung einer Person, die im Einklang mit ihrer inneren Dimension handelt. Durch solche wundervoll nahbaren Menschen können wir erkennen, wie oft wir noch die inneren Grenzen vermeintlicher Vorbilder, zum Beispiel unserer Eltern oder anderer bedeutsamer Personen, in uns tragen. Und vor allem, wie gut es tut, diese endlich loszulassen und zu beginnen, die wahren eigenen Fähigkeiten zu erkunden.

Wir haben in den meisten Fällen nie gelernt, diese innere Dimension wahrzunehmen und unserer intuitiven Stimme voller Hingabe zu vertrauen, da sie von der Gesellschaft für ge-

TEIL 1: SCHAFFE INNERE GANZHEIT

wöhnlich nur selten in ihrer wahren Funktion Anerkennung erhält. Denn sie ist nicht in ihren Entscheidungen erklärbar, sehr wohl aber in den Ergebnissen dieser Entscheidungen. Diese unfassbare Intelligenz erklärt sich manchmal sofort, manchmal erst nach einigen Monaten oder Jahren, in denen man ihr gefolgt ist. In Zusammenhängen, die man erst im Nachhinein erkennt, und die man manchmal nicht einmal im Traum für möglich gehalten hätte. Doch unser Bedürfnis nach äußerer Sicherheit drängt uns immer wieder dazu, auch alle Folgeerscheinungen zu erahnen und im Verstand durchzugehen.

Es genügt, die wahren Zusammenhänge im Nachhinein zu erkennen.

Wie wäre es also, dein eigenes Leben einmal mehr mit Freude und kindlichem Entdeckerdrang zu erkunden? Denn vielleicht waren wir als Kinder doch nicht so naiv, wie man uns glauben machen wollte. Vielleicht war unser Horizont des „Möglichen" einfach noch nicht derart begrenzt worden, dass wir uns nur das vorstellen konnten, was es eben in der „Realität" schon gab.

Wenn wir älter geworden sind und genau hinsehen, erkennen wir bisweilen, dass gerade die Menschen, die sich nicht von ihrer Umwelt haben vorgeben lassen, was funktioniert und was angeblich nicht, durch eine unergründliche innere Gewissheit ihren Weg haben aufblühen lassen.

Das untrügliche Bauchgefühl

Erinnere dich daran, dass dein Leben ein Gesamtkunstwerk ist, das jedoch aus einzelnen Momentaufnahmen besteht, durch die es erst lebendig wird. Jede einzelne dieser Sequenzen trägt maßgeblich zur Gesamtwirkung deines Wesens bei,

DIE BERÜHRUNG DEINER INNEREN WAHRHEIT

innerlich und auch äußerlich! Du solltest dir darüber klar werden, dass es letztendlich gar nicht möglich ist, etwas zu verstecken. Weder vor dir selbst noch vor anderen. Denn alles schimmert durch dein Äußeres hindurch und manifestiert sich im „Bauchgefühl" der Menschen, die dich umgeben.

Dieses Bauchgefühl erzählt dir immer die wahre Geschichte. Genauso, wie andere nichts vor dir verbergen können, kannst auch du nichts vor der Intuition anderer verbergen. Sie werden stets deine Worte und Gesten mit dem, was sie spüren, abgleichen und erkennen, wann eine Differenz zu spüren ist. Das geschieht ganz unbewusst. Und sie werden zuverlässig danach entscheiden, wie authentisch und vertrauenswürdig du auf sie wirkst. Deshalb bekommt der eine, äußerst kompetente Bewerber den Job, der andere, ebenso kompetente aber nicht.

*Was du in deinem Energiefeld eingespeichert hast,
zeigt sich den anderen Menschen in ihrem Bauchgefühl.*

Alle Menschen spüren intuitiv, wenn dein innerstes Fühlen nicht mit deinem äußeren Handeln übereinstimmt. Dadurch entsteht eine Ausstrahlung, die etwas diffus und beinahe benebelnd undurchsichtig erscheint. Man bekommt das Gefühl, der Mensch möchte etwas von sich zurückhalten und unerwünschte Wesenszüge verstecken. Mögen andere Menschen auch nicht direkt erkennen, welchen Aspekt du vor ihnen verbergen willst, indirekt werden sie dennoch erkennen und fühlen können, dass es in deinem Wesen einige Schattenstellen gibt, durch die du so manches zu verbergen versuchst. Denn gleichgültig, welchen Gedanken du denkst und welches entsprechende Gefühl dadurch in dir verursacht wird, es zeigt sich stets sofort in deinem Energiefeld und ist von anderen Menschen spürbar und erfahrbar.

Du kennst das sicherlich aus der Beobachtung von anderen Menschen. Wann hast du jenseits ihrer Sprache ein stimmiges, wann ein unklares, verwaschenes Gefühl? Ebenso wie du es deutlich wahrnehmen kannst, wenn jemand wahre Freude empfindet, kannst du auch erkennen, wenn jemand äußerlich lächelt, innerlich jedoch betrübt ist. Du spürst im Feld deines Gegenübers, wenn dessen Ausstrahlung etwas anderes sagt als seine Worte – sobald du beginnst, wirklich darauf zu achten.

Und zu verbergen haben wir zum jetzigen Zeitpunkt alle noch etwas. Im Besonderen sind das die Wesenszüge, Eigenheiten oder Interessen, die wir für uns selbst als ungenügend oder unpassend erachten. Von denen wir nicht wissen, wie sie ein stimmiger Teil unseres Gesamtbildes werden könnten. Dafür schämen wir uns. Doch haben alle deine Seelenanteile ihren Sinn und führen dich zu den größeren Zusammenhängen deines Lebens. Manches Mal kannst du das Gesamtbild eben nur noch nicht erkennen.

> *Erst wenn du dich in all deinen Facetten zeigst,*
> *wird man wirklich erkennen können, wer du bist.*

Mach dir also bewusst, dass jeder Einzelaspekt in dir maßgeblich zur Gesamtwirkung deiner Person beiträgt. Die Details machen das Gesamtbild erst aus. Und dieses Gesamtbild bestimmt deine äußere Wirkung.

Das Gesamtbild ist entscheidend

Je nachdem, wie ausgeglichen und bereinigt du in den einzelnen Aspekten deines Wesens durch die Welt gehst, hast du die Fähigkeit, bestimmte Arten von Menschen, Situationen und Dingen anzuziehen.

DIE BERÜHRUNG DEINER INNEREN WAHRHEIT

Doch mögen auch noch so viele wegweisende Anteile deines Wesens ausgeglichen sein, es gibt gewisse Faktoren, ohne die die Gesamtbilanz deiner Ausstrahlung nicht auskommen kann. Eine ausgewogene und harmonische Ausstrahlung entsteht nur dann, wenn sich die Energie des „Wollens" und „Festhaltens" nicht mehr in den Vordergrund drängt. Das ist für uns meist sehr ungewohnt – denn wie könnten wir etwas erreichen, wenn wir das nicht „wollen"? Nicht das „ich will", sondern die absolute Hingabe an dich selbst als Gesamtheit aller deiner zu dir gehörenden Puzzleteile ist die Zauberformel, die dir Zufriedenheit, Glück und beständigen Erfolg bringt. Denn hier beginnst du zu erkennen, was auch ungewollt, ganz wie von selbst, wirklich zu dir passt. Es sind die Dinge und Menschen, die von sich aus in deine Richtung streben, um sich mit dir verbinden zu können.

Folgst du dabei deiner eigenen Intuition, resultiert daraus ein immer deutlicher werdendes Fühlen deiner Lebensintention. Dieser Intuition kannst du aber nur dann stimmig folgen, wenn du es wagst, nicht mehr festzuhalten, was im Grunde nicht wirklich zu dir gehört. Denn so eröffnest du Raum für das, was wirklich passt.

Dein unbedingtes Wollen hindert dich zuverlässig daran, deine Lebensintention zu erkennen.

Je geringer die Abweichung deiner wahren seelischen Intention und der daraus entstehenden Gefühle zu deinen gesprochenen und gedachten Worten und entsprechend zu deinem äußeren Ausdruck ist, umso ehrlicher, vertrauensvoller und liebenswürdiger wird deine Ausstrahlung sein. Entsprechend offen *müssen* dir andere begegnen und dich als einen Menschen zu schätzen wissen, der innere Sicherheit ausstrahlt und Wohlgefühl vermittelt. Folglich sind die Reaktionen auf einen solchen Menschen begründetes Vertrauen, das nachhaltig wirkt und sich auf deinem Weg in Form von positiven Begegnungen abzeichnet!

Wahre Berührung heilt dich auf allen Ebenen. Und berührt werden kannst du nur, wenn du endlich deine eigene Wahrheit zeigst, auslebst und in die Welt einfließen lässt. Nur dann kann dir diese Wahrheit auch von außen wieder begegnen. In Form von Begegnungen, Menschen und Situationen, die sich anfühlen wie eine äußere Erweiterung deiner innersten Essenz. Einem magisch anmutenden Gefühl von Übereinstimmung. Wenn dann endlich deine innere und deine äußere Welt dieselbe Geschichte erzählen, kannst du wahre Zufriedenheit empfinden.

Wende deinen Blick nach innen

Im Grunde kannst du dich jetzt schon viel bestimmter und präziser spüren, als du es dir die meiste Zeit zugestehst. Die Antworten deines wahren inneren Wesens stehen in deinem Inneren wie zur Abholung bereit und warten nur darauf, wahrgenommen zu werden.

Dabei ist es nicht wirklich hilfreich, allen Gefühlen, die in dir auftauchen, und allen Situationen, in die du scheinbar hineingerätst, eine äußere Ursache zu geben. Fühlst du dich deinen eigenen Gefühlen noch immer auf eine Weise ausgeliefert, die dir den Eindruck vermittelt, es seien Vorgänge, die außerhalb von dir geschehen und eigentlich gar nicht zu dir gehören? Auf die du kaum Zugriff hast und die du eigenständig nur wenig zufriedenstellend verändern kannst? Die meisten Menschen unternehmen deshalb oft nicht einmal

DIE BERÜHRUNG DEINER INNEREN WAHRHEIT

den Versuch, ihre Gefühle wirklich zu erfassen und deren feinstofflichen Ursprung zu erkunden. Schlicht, weil wir in unserem System nicht eingespeichert haben, dass es in solchen emotionalen Augenblicken zunächst wichtig wäre, sich bewusst Zeit zu nehmen, um die eigene Energie in Ordnung zu bringen.

Wir tendieren vielmehr in Gefühlsdingen dazu, zunächst an den äußeren Gegebenheiten zu manipulieren oder die unliebsamen Gefühle zu unterdrücken. Ich verwende dabei den Begriff „manipulieren", da er am deutlichsten beschreibt, was vor sich geht.

Die äußere Lebenserscheinung, die dir begegnet, ist eine wunderbar detailgenaue Verbildlichung der Informationen, die du in deinem Energiefeld trägst. Du aber bist derjenige, der diese Daten in seinem Feld abgelegt und gespeichert hat. Somit bist also auch du dafür verantwortlich, dem Ganzen die Möglichkeit zu geben, eine harmonischere Geschichte abzubilden, die dir absolut entspricht.

Möglicherweise bist du also jetzt dazu bereit, einen inneren Ursprung deiner Gefühle zu erkennen und zu erlauben. Denn einfach alles beginnt in deinem Inneren! Dein Erfolg und dein Misserfolg, deine Fähigkeit zu Liebe sowie dein Unmut. In dir wohnt ein schon immer vorhandenes Grundvermögen, dich selbst zu formen. Es ist die größte Macht, die du in dir zur Verfügung hast.

Was wäre, wenn du dich damit augenblicklich dazu befähigen würdest, wahrhaft etwas an deinen Gefühlen und damit auch in deinem Leben zu verändern? Ganz in deinem Sinne, in deinem Tempo und unter Beachtung der wahren Beweggründe deiner Seele.

TEIL 1: SCHAFFE INNERE GANZHEIT

Finde Zugang zu deinem feinstofflichen Ich

Hast du einmal erfahren, wie sich die Schwingung deines eigenen Seelenwesens anfühlt, wirst du diese wunderschöne Erfahrung nie wieder vergessen. Und immer wieder danach suchen.

„Endlich" … das löst den unangenehmen Moment ab, da du noch wippend in deiner Meditationshaltung auf die Erlösung deiner inneren Anspannung gewartet hast. Plötzlich sinkst du ganz tief in dich hinein und stellst verwundert fest: Hier herrscht eine Art von Ruhe, die man nicht nur gut aushalten kann, nein, sie berauscht sogar und zieht dich immer tiefer in dich hinein. Um dich herum wird es ruhig und bezaubernd klar.

Auf einmal vergisst du Gedanken wie „wann bin ich endlich da?" und „wie fühlt es sich überhaupt an, da zu sein?". Du erkennst ganz deutlich, dass du diesen inneren Zustand erreicht hast, der dich dazu befähigt, tatsächlich etwas in und an dir zu verändern. Du hast plötzlich Zugang und Zugriff auf dich selbst.

Wenn deine Frage – welche auch immer es war – plötzlich unwichtig wird und du sie ab jetzt nicht mehr stellst, weißt du, dass du angekommen bist. In diesem Fall bei dem Gefühl, dass du deinen innersten Punkt erreicht hast.

Kontaktiere dich selbst

Doch wie gelangt man an diesen Ur-Punkt? In den seltensten Fällen gelingt dir etwas Neues auf Anhieb. Beginnst du eine neue Tätigkeit oder ein neues Hobby, so erwartest du kaum

FINDE ZUGANG ZU DEINEM FEINSTOFFLICHEN ICH

von Beginn an, ein fließend funktionierendes Gefühl dabei zu haben. Du hast dir vorher lebhafte Bilder davon gemacht, wie sich das Neue wohl anfühlen mag. Egal, ob du Fotografieren, Tanzen, Kochen oder Programmieren lernen möchtest: Zu Beginn erschaffst du dir stets ein inneres Bild davon, diese Fähigkeit bereits ausgebildet zu haben. Zieht dich diese innere Vorstellung genug an, beginnst du damit zu experimentieren, zu üben oder Unterricht zu nehmen. Du bist bereit, eine Weile in dieses Neue einzutauchen und dessen Komponenten erst einmal kennenzulernen.

Hast du also nicht schon immer diesen Zugriff auf dein Energiefeld und dein inneres Wesen gehabt, so gib dir bitte etwas Zeit, um an diesen machtvollen Ort zu gelangen, den du aktiv so verändern kannst, dass es dir zu deinen Zielen verhilft. Oder dich vielleicht erst einmal dazu animiert, deine gesetzten Ziele noch einmal zu überdenken.

Feinsinniges Erspüren ist von jedem erlernbar,
doch wie alles andere benötigt es
auch Sorgfalt, Hingabe und Zeit.

Schritt für Schritt – so einfach mutet es an und ist doch so wirkungsvoll. Drei kleine Worte, die bei vielen Menschen eine große Wirkung entfalten. Entwicklung geschieht immer Schritt für Schritt! Versuche nicht, alles gleichzeitig in Händen, Geist und Gefühl zu halten. Unter einem solchen Gewicht würde sich jeder belastet fühlen und sich be-schweren. Du musst nicht das Gewicht deines Lebens tragen – dein Leben trägt sich selbst. Es ist wie eine eigenständige Wesenheit, die dich umgibt. Du hingegen bist dazu da, es zu beobachten und in den richtigen Momenten die richtigen Fäden zu ziehen. Hierfür musst du erfühlen können, wann der rechte

Zeitpunkt ist, was als Nächstes anzupacken ist und mit welchem inneren Gefühl es idealerweise zu tun ist. Doch dazu später mehr.

Interessanterweise beschreiben viele Menschen ihr Lernen, ihre innere und äußere Entwicklung und ihren Fortschritt in drei mehr oder weniger bewegungsreichen Phasen, in denen vielleicht auch du dich wiedererkennst. Und vielleicht unterstützt es dich zu wissen, dass es auch anderen Menschen so ähnlich ergeht wie dir.

Die Faszination des Neubeginns

Wir lieben Veränderung, wenn wir vorher wissen, was auf uns zukommt. Es ist das Gefühl einer wunderbaren Vorahnung. Intuitiv wünschen wir uns, durch jedes neue Element in unserem Leben ein weiteres Puzzleteil unseres Gesamtlebensbildes aufzudecken, um irgendwann das Gesamtbild „Ich" zufrieden erkennen zu können. Und es dann loszulassen.

Du erhoffst dir also, einen weiteren Aspekt deines eigenen Wesens erleben zu können, sodass immer mehr Anteile deiner Persönlichkeit ins Licht treten und gesehen werden können. Deswegen stellst du dir bei den meisten Dingen auch die Frage: „Ist das wirklich meins?". Und genauso ist es auch, wenn du es zulässt. Du folgst den Dingen, die stimmen, damit sie dich immer näher zu dir selbst führen.

Hast du so ein „Meins" gefunden, gibst du zu Beginn Hingabe, Kraft und Zeit hinein. Die ersten Schritte ergeben sich meist recht zügig. Und das stellt dich innerlich zufrieden. Du hast etwas Neues gelernt, kannst es anfassen und begreifen, zeigen und besprechen.

Beispielsweise nimmst du deine neue Kamera in die Hand und hast gelernt, den Auslöser zu bedienen. Sehr einfach.

FINDE ZUGANG ZU DEINEM FEINSTOFFLICHEN ICH

Und mit dieser Funktion kannst du bereits alles aufnehmen. Folgen physische neue Funktionen aufeinander, so haben wir das Gefühl, etwas ginge voran. Doch ist das tatsächlich so?

Oder geschieht nicht viel mehr in einer Phase, die erst danach kommt? In der wir uns tiefer einarbeiten und alle Facetten genauer zu betrachten beginnen? Wir lernen vielleicht nicht nur, die Kamera zu bedienen, sondern auch das, was darum herum von Bedeutung ist. Die Komposition, das Verhältnis von Nähe und Ferne, das Licht und vieles mehr. Hier lernen wir wie bei allen Dingen, dass es einerseits um die Sache selbst, andererseits auch um die einwirkenden Begleitbedingungen geht, damit es wirklich gut wird. Das kann jedoch eine ganze Weile dauern.

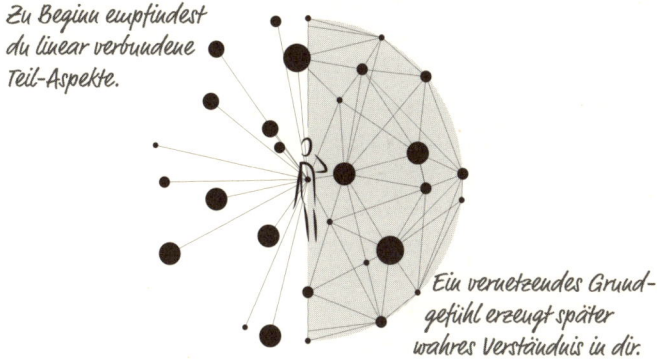

Zu Beginn empfindest du linear verbundene Teil-Aspekte.

Ein vernetzendes Grundgefühl erzeugt später wahres Verständnis in dir.

In dieser Phase geben viele auf, da oft keine äußere Entwicklung und auch kein schneller Erfolg zu sehen sind. Eventuell sogar nicht einmal ein inneres Gefühl von Erfolg. Doch etwas ganz besonders Wichtiges geschieht in dieser Phase: Das Gelernte wird im Inneren bewegt und im Gefühl gefestigt. Es entsteht ein unverzichtbares Grundgefühl zur Fähigkeit selbst.

Die innere Dimension von Wissen

Geh mit wohlwollendem Wissen durch diese Phase und genieße das Dahinsegeln! Es bereitet dich bestens auf alles Weitere vor. Die Einzelteile des Gesamten werden in dieser Phase zusammengesucht.

Um deine Fähigkeiten wirksam entwickeln zu können, musst du zunächst bereit sein, allmählich ein Grundgefühl für diese Sache entstehen zu lassen.

Und wahrscheinlich ist es bei dir wie bei vielen anderen auch wichtig, in dieser Zeit einmal zu hören: Gib nicht auf! Kein sichtbarer Erfolg ist nicht gleich kein Erfolg. Denn viele Aspekte äußeren Könnens entstehen allmählich mithilfe deiner inneren Intelligenz. Selbst wenn du eine Weile nichts für eine bestimme Angelegenheit tust, die du lernen möchtest, bewegst du doch deren Inhalte in deinem Inneren. So können sie unbewusst wachsen und sich in deinem Gefühl formen. Diese Phase ist ungemein wichtig; aus ihr entstehen letztendlich Sicherheit und Kompetenz. Auf diese Weise generierst du ein Gesamtgefühl zu deiner Tätigkeit. Und nur dann gelangst du an einen Punkt, an dem du die Sache mit einem Mal – scheinbar „plötzlich" – begriffen hast. Du hast jetzt durch das Gefühl die Sache durchdrungen und verstanden. Nur so kannst du die Fähigkeit später immer wieder abrufen.

Nimm als Beispiel, wie du ans Radfahren denkst. Du stellst dir mit großer Wahrscheinlichkeit nicht vor, wie du Pedal für Pedal die Runden drehst, den Lenker festhältst und die Richtung bestimmst. Nein, du tauchst in das Gefühl, in ein Bild ein, wie du etwa an einem sonnigen Tag im Park durch üppiges Grün fährst und sanfte Kurven vorbei an schönen Bäumen ziehst. Etwas ganz anderes ist es natürlich, wenn

FINDE ZUGANG ZU DEINEM FEINSTOFFLICHEN ICH

du gerade erst Radfahren lernst. Dann denkst du Punkt für Punkt noch an Treten, Richtung fixieren und das Fahrrad in Balance halten.

Ebenso verhält es sich mit deiner meditativen Ebene. Willst du wirklich etwas in dir und deinem Leben verändern, wird es wahrscheinlich eine Weile dauern, bis du vollständig in das Gefühl eintauchen kannst, dich selbst im Ganzen erfassen zu können.

Wenn deine Gedanken und deren Inhalte dann als Gefühl ein Zuhause in dir gefunden haben, kannst du sie immer wieder abrufen. Oftmals ist dann dein inneres Visualisieren deinen äußeren Fähigkeiten schon einen Schritt voraus. Wie ist das gemeint?

Die Trägheit der sichtbaren Welt

Du kannst deine Fähigkeiten bereits innerlich fühlen, bevor sie im Äußerlichen eingesetzt werden. Beispielsweise kannst du den Tanzschritt, die Bewegung, die Drehungen bereits innerlich sehr klar und deutlich fühlen und ablaufen lassen, bevor du sie tatsächlich ausführen kannst. Dein Körper, deine Kombinationsfähigkeit und deine Leistung ziehen dann Schritt für Schritt deiner inneren Entwicklung nach. Ganz gleich, für welchen Bereich, dieses Prinzip gilt für alles. Wenn du dir wirklich Fähigkeiten aneignen willst, ist die Basis dafür eine Art Allgemeinverständnis-Gefühl. Selbst in technischen Bereichen musst du zunächst ein Grundgefühl für Abläufe und Strukturen entwickeln, damit du neue Aufgaben oder Probleme lösen kannst. Denn Wissen allein genügt nicht, erst das zugehörige Gefühl fügt die Teile zusammen und macht sie lebendig. Selbst Programmierer beschreiben sich oft selbst als Künstler und Entwickler oder

Konstrukteure entdecken die gefühlte Schönheit in funktionierenden Abläufen und stimmigen Details. Doch das geschieht erst, wenn man sich eingearbeitet und vor allem: in die Materie eingefühlt hat.

Erahnen kann man dieses Gefühl oft erst, wenn man selbst darin eintaucht und erkennt, dass die Antwort bereits in einem steckt, noch bevor man sie abholt. Was darauf folgt, ist wundervoll. Ein Tun, ohne über das Tun nachzudenken. Das Gelernte wird zum Instrument, um dich auszudrücken. Hier beginnst du, vom Ergebnis aus zu denken, da du bereits die Fähigkeiten besitzt, um dorthin zu gelangen. Meistens entsteht dieses wunderbare Flussgefühl ganz plötzlich. Auf einmal ist es da und du kannst es tatsächlich greifen. Du bist damit eingetaucht in das Wesen der Sache selbst.

Ganz ähnlich verhält es sich bei deinem Zugang zu deinem „feinstofflichen Ich". Manche Testung wird dir sehr schnell gelingen, andere wiederum brauchen eben eine gewisse Kontinuität und Übung, um sich in dir festigen und auswirken zu können.

Habe etwas Geduld. Es wird sich für dich lohnen.

Den meisten Menschen fällt es sehr leicht, stimmige Entscheidungen zu erkennen, richtige Zeitpunkte zu erspüren und Personen zu fühlen, die wirklich tief gehen, sobald sie dafür ein geeignetes Testsystem in sich angelegt haben. Etwas herausfordernder gestaltet sich oftmals das Annehmen dieser inneren Antworten und die tatsächliche äußere Umsetzung. Wir verändern uns eben ungern in eine Richtung, von der wir nicht wissen, wohin sie uns führen wird. Besonders dann nicht, wenn wir bereits etwas um und bei uns haben, das sich schon „ganz in Ordnung" anfühlt.

FINDE ZUGANG ZU DEINEM FEINSTOFFLICHEN ICH

Finde wahre innere Stärke

Das Erkennen, ob etwas stimmig ist, wird also weniger die Schwierigkeit für dich sein. Viel eher, und das ist bei fast allen Menschen so, die Akzeptanz, der Mut und die Hingabe an diese deutlichen inneren Antworten, die immer stärken werden, sobald du den Impuls gibst, dass du sie verstärkt wahrnehmen und einbinden möchtest. Es ist das neu entstehende Vertrauen in deinen ganz eigenen, von innen heraus gestalteten Weg. Indem du dich mit positiven Gedanken und Gefühlen füllst und dir bewusst bist, dass du allen Situationen, in die du gerätst, mit deiner sanftmütigen inneren Stärke und Mitgefühl begegnen und sie mit offenem Wesen entgegennehmen kannst.

Wenn du immer wieder für dein inneres Ganzsein, dein Grundgefühl zu dir selbst sorgst, schaffst du so eine innere Basis, die dir durch nichts im Außen wieder genommen werden kann. Und selbst wenn, dann weißt du, wie du dich selbst wieder stärken, heilen und ganz werden lassen kannst. Du kannst nicht für alle Situationen gewappnet sein, die dir begegnen mögen, das würde nur in Härte und Abwehr dir selbst und anderen gegenüber enden, was allen Fluss zum Stocken bringen würde.

Du kannst nicht auf jeden Schmerz vorbereitet sein.

Doch du kannst dir einen fließenden inneren Zustand erschaffen, der dich so sehr ganz fühlen lässt, dass du die Fülle und das „Immer-Mehr" nicht mehr im Außen suchen musst.

Denn Unabhängigkeit entsteht nur, wenn du weißt, dass du mit allem umgehen kannst, das dir begegnet. Schaffe also innere Sicherheit. Und zwar nicht durch Härte und Abwehr, sondern durch die Bereitschaft hinzusehen und hineinzuspüren, was deiner Wahrheit tatsächlich entspricht.

Diese Unabhängigkeit führt dazu, dass du allen Geschehnissen direkt aus deinem Zentrum heraus begegnen kannst und dir genau die Dinge und Menschen über den Weg laufen, die zu deiner persönlichen Energiestruktur passen. Die dich also wohlfühlen lassen und mit denen etwas Stimmiges und Schönes entstehen kann.

3 Schritte zum Kontakt mit deinem Inneren

Erst wenn du dich selbst „begreifen" kannst, ist es dir auch möglich, tatsächlich etwas in dir zu erkennen und zu verändern.

Noch bevor du dein Energiefeld klären kannst, um dich von dem zu lösen, was dich in deinen Entscheidungen verwirrt und behindert, solltest du zunächst Kontakt zu deiner wesenseigenen Energie herstellen, um dich dazu zu befähigen, diese aktiv zu verändern. Die Entstehung dieser Verbindung funktioniert natürlich sehr gut durch meditative Übungen in Verbindung mit geistig gedanklichen Umstrukturierungen.

Denn ohne deine Gedanken von hinderlichen Denkstrukturen zu reinigen und liebevoll neu zu organisieren, wirst du dein Energiefeld noch so oft auf dein Zielempfinden ausrichten können, es wird stets durch deinen Verstand verwässert und in seiner Wirkung geschwächt werden, solange du gegenläufige Einstellungen, Gedankenmuster und Vorurteile nicht aus deinem System entlässt.

Anschließend wirkt das, was du in dir trägst, unbeschreiblich machtvoll. Doch es hängt absolut davon ab, wie du dein Leben führst. Sobald du beginnst, auf deine innere Stimme zu achten, wird diese immer stärker, präziser und deutlicher in ihren Aussagen. Zunächst magst du sie vielleicht als noch etwas wirr oder unklar empfinden, doch dieses Chaos wird sich nach einer Weile der Übung immer mehr sortieren und ordnen, sodass du eine Struktur darin erkennen kannst.

Deine intuitive Stimme wird immer stärker werden, sobald du ihr konsequent Aufmerksamkeit schenkst.

Zunächst einmal wirst du wieder ein Grundgefühl dafür entwickeln müssen, was es bedeutet, auf deine innere Stimme zu hören und welche Sprache sie eigentlich spricht. Denn die kann sich bei jedem anders darstellen. Die einen nehmen sie bildlich, andere wörtlich oder durch Impulsempfindungen wahr. Sobald du diese Grundwahrnehmung besitzt, ist es ebenso wie beim Radfahren oder Autofahren. Du verlernst es nie wieder und kannst dich immer wieder „gefühlsmäßig" darin einfinden. Selbst wenn du das Gefühl hast, dass du den Zugang zu deiner inneren Weisheit zeitweise verloren hast, sei dir dennoch ganz sicher, das kommt wieder, es ist ganz normal.

Dein Leben ist nun einmal nichts Statisches, sondern andauernd in innerer und äußerer Bewegung. Auch wenn wir es manchmal gerne möchten, es existiert dabei kein „Angekommensein". Lediglich deine Bereitschaft und dein Zulassen können dieses Gefühl in dir entstehen lassen, wenn du dich selbst im Ganzen annimmst und dir endlich gestattest, dich als pures Ich zu spüren. Diese Kraft, Hingabe und Liebesfähigkeit, die du dadurch in deinem Inneren fühlen wirst, werden dir prägend in Erinnerung bleiben.

Schritt 1:
Umkehr deiner Aufmerksamkeit

Der erste Schritt zu einem funktionierenden Kontakt mit dir selbst besteht darin, deine Aufmerksamkeit umzukehren: Von unbewusster Reaktionsfreudigkeit auf äußere Umstände hin zur aktiven Fähigkeit, verschiedenste Situationen und Begegnungen in deinen Leben von innen heraus entstehen zu lassen.

Solange du dein Leben wie einen Film betrachtest, kannst du nichts verändern, nur beobachten. Zwar erzeugt der

3 SCHRITTE ZUM KONTAKT MIT DEINEM INNEREN

Betrachter tatsächlich die Realität, aber nur dann, wenn du von innen heraus deine gerade entstehende Umwelt betrachtest. Jedoch nicht dann, wenn du dich konsequent von außen selbst betrachtest, um herauszufinden, ob deine eigene Wirkung auch deinen Vorstellungen entspricht. Wenn es dir ein Anliegen ist, deine Selbstbestimmtheit und Fähigkeit zu wahrer Hingabe wieder in Besitz zu nehmen, so begib dich aus dieser unverbindlichen Haltung heraus und versuche erneut zu erspüren, dass dir immer das begegnet, was du ausstrahlst. Und diese Ausstrahlung hängt im ersten Schritt davon ab, in welche Richtung du deine Energie sendest.

Wie schnell wir auf das reagieren, was uns tagtäglich begegnet, fällt uns die meiste Zeit gar nicht auf. Wie oft hast du im Nachhinein das Gefühl, zu wenig von dem gesagt zu haben, was eigentlich stimmig gewesen wäre? Oder bereits reagiert zu haben, als eine Antwort noch überhaupt nicht präsent war?

Sehr oft reagieren wir viel schneller, als die Antwort in unserem Inneren zur Abholung bereit wäre – und wie oft trauen wir uns nicht, die eine Minute Stille in Kauf zu nehmen, die es bräuchte, um die richtige Antwort in uns kommen zu lassen?

Nimmst du dich und deine Lebenssituation stark von außen wahr, so lässt du dich konsequent von dem beeinflussen und lenken, was dich gerade umgibt. Du nimmst die Situationen, die dir begegnen, als gegeben und formst durch die Betrachtung deiner Umgebung dein eigenes Weltbild. Du fügst dich somit in die äußerlich bestimmten Gegebenheiten möglichst passgenau ein. Doch wie wäre es, wenn du zunächst ein eigenes Weltbild formen würdest, bevor du in Kontakt mit deiner Umwelt trittst?

TEIL 1: SCHAFFE INNERE GANZHEIT

Morgens auf dem Weg zur Arbeit begegnen dir die unterschiedlichsten Gemüter. An manchen Tagen scheinen viele Menschen zu lächeln, dich beinahe anzustrahlen, an anderen Tagen wiederum begegnen dir scheinbar nur gesenkte Mundwinkel und unfreundlich kühle Blicke. Und ganz konsequent *reagierst* du auf all diese Begegnungen. Ebenso, wie du ein freundliches Lächeln erwiderst, nimmst du auch den aggressiv wirkenden Autofahrer wahr. Und du ärgerst dich noch eine ganze Weile, in diese Stimmung eingestiegen zu sein. Du trägst sie nämlich als Energieform mit dir, wenn du zuvor nicht deine eigene Stimmung von innen heraus definiert, eingespeichert und ausgedehnt hast. Und im ungeübten Fall, dauert es eine ganze Weile, dieses spontan aufgenommene Gefühl, wieder in dir zu lösen.

Diese Form schneller innerer Umgestaltung begegnet dir täglich in beinahe allen Menschen. Interessanterweise verhalten wir uns in Bezug auf unsere Gedanken viel konstanter, da wir unsere Persönlichkeit viel eher auf unseren Verstand als auf unser Innenleben projizieren. Würden wir dieses Persönlichkeitsempfinden jedoch verstärkt auf unser inneres Wesen verlagern, so würden wir uns mehr und mehr gestatten, die eigenen Gedanken, wenn nötig, neu zu formen oder gänzlich auszutauschen. Denn wenn du dich statt mit deinem Gedankengut mit deinem viel weiseren Seelenwesen identifizierst, löst sich allmählich der Zwang, an überholten Gedanken festzuhalten. Was, nebenbei erwähnt, zu einer sehr jugendlich anmutenden Außenwirkung, liebevoll berührender Nahbarkeit und Offenheit führt.

Forme, was dir begegnet,
indem du beschließt,
deine Stimmung von nun an selbst zu definieren.

3 SCHRITTE ZUM KONTAKT MIT DEINEM INNEREN

Ständige innere Reaktionen sind im Grunde viel anstrengender, als aktiv innere Grundlagen zu setzen. Reagierst du ständig auf alles, was dich umgibt, befindest du dich in einem andauernden Gefühlschaos. Dein Befinden schwankt im Laufe des Tages hin und her und gibt deinem Standpunkt, deinen Wünschen und Zielen keine Eindeutigkeit. Sowohl dir selbst als auch allen anderen Menschen gegenüber. Wenn du dich nach solchen Ablenkungen von dir selbst immer wieder zentrieren musst, um bei dir zu sein und konzentriert in deine Sache zu fühlen, kostet dich das eine Menge Energie. Unmut und Trägheit entstehen vor allem dann in dir, wenn du nicht von innen nach außen handelst, sondern dich immer wieder von deiner Umgebung dahingehend beeinflussen lässt, wie deine energetische Struktur aussieht. Dabei spürt dein Inneres, wenn du deine Fähigkeit zur Selbstbestimmung nicht annimmst und nutzt; deine Schaffensenergie lässt dadurch stetig nach und gibt dir mit ihrer verringerten Leistungsfähigkeit erneut einen Hinweis darauf, dass du einmal wieder in dich selbst blicken solltest.

Ganz anders sieht es für dich aus, wenn du schon morgens aktiv meditierst und eine erfüllend authentische Grundstimmung in dir ausbreitest. Dann definierst nämlich du für dich, wie du anderen begegnest. Zum Beispiel, dass du jedem, unabhängig von dessen Stimmung, mit Freundlichkeit begegnest. Spätestens dann spürst du, dass deine Art und dein Wesen als Allererstes einmal auf dich selbst zurück wirkt! Denn die Ausstrahlung, die du aufgrund deiner Gefühle, Gedanken und auch deiner Worte mittels deines Energiefeldes mit dir trägst, erreicht natürlich nicht nur die anderen Menschen, sondern lässt auch dich – sofern du möchtest – in Wohlgefühl baden.

Es ist eine sehr einfache und doch unglaublich wirkungsvolle Übung, durch die du augenblicklich spürst, welche

TEIL 1: SCHAFFE INNERE GANZHEIT

Kraft deine eigene Energie und Ausstrahlung eigentlich besitzen. Und dabei ist so etwas Einfaches wie ein freundliches Lächeln natürlich nur ein kleiner Anfang. Überlege nur, welch umfassende Intentionen du wirksam in dir einspeichern könntest!

Denn alles was du ausstrahlst, denkst, sagst und tust – selbst wenn es durch jemand anderen initiiert wurde –, legt sich auch in deinem Energiefeld ab und wird von dir wiederum weitergegeben. Auch wenn es die Wut eines anderen ist: Sobald du darauf reagierst, ist es auch deine und du speicherst sie in deine eigene Ausstrahlung.

Und meinst du nicht auch, dass ein Wesen voller aggressiver Energie vielleicht andere Menschen und Situationen anzieht, als eines voller liebevoll durchdringender Kraft?

Nichts, was du tust, ist unabhängig von dir.
Gib deiner Umgebung nicht die Macht,
deine Stimmung zu formen,
sondern gestalte sie aktiv selbst.

Es ist niemals Zufall, wie deine Umgebung auf dich reagiert. Gewöhne dich daran, jeden Tag mit der Umkehr deiner Aufmerksamkeit zu beginnen, bis es für dich eine Selbstverständlichkeit geworden ist.

Auch wenn es mitunter schwierig sein mag, aus einem Leben, das durch eingespielten Trott, gewohnte Haltungen und sich ständig wandelnden Emotionen geprägt ist, herauszutreten: Es lohnt sich, denn du nimmst damit deine dir innewohnende Kraft zur Selbstbestimmung Stück für Stück wieder in Besitz – indem du den veränderten Blickwinkel einnimmst, der dir erst zu einem absolut stimmigen Leben und innerer Erkenntnis verhelfen kann.

Übung:
So gelingt deine Aufmerksamkeitsumkehr

Stell dir vor, du liegst frühmorgens im Bett. Gerade bist du aufgewacht und blickst mit verschlafenen Augen über deine Bettdecke hinweg in den Raum. Noch im schummrigen Licht nimmst du die Dinge in deinem Schlafzimmer wahr. Irgendwie wirkt morgens alles etwas kühl und wenig lebendig, wunderst du dich.

Währenddessen haben deine Gedanken längst zu rauschen begonnen. Der Vortag kommt dir wieder in den Sinn. Die Gespräche, Situationen und, ach ja, die Aufgaben die du heute zu erledigen hast. Ehe du dich versiehst, hast du aus vergangenen Erlebnissen, deiner Umgebung und der Energie, die dadurch auf dich einwirkt, ein erstes Grundgefühl zu deinem neuen Tag entstehen lassen. Falls du nicht irgendwo im Körper einen Schmerz spürst, fühlst du erst nach all diesen Wahrnehmungen zum ersten Mal tatsächlich in dich hinein. Erst nach all den anderen Gedanken!

Du bist es gewöhnt, zunächst darauf zu warten, wie deine Umgebung auf dich einwirkt. Deine Fähigkeit zur Selbstbestimmung beinhaltet jedoch vor allem, dass du dein Gefühl erst einmal selbst formst, um anschließend deine Umgebung aus diesem selbstbestimmten Gefühl heraus bewusster aufnehmen zu können.

Spüre also gleich morgens nach dem Aufwachen erst einmal in dich selbst hinein. Nicht in deine Umgebung und auch nicht in deinen Partner. Sondern forme, ohne auf deine Gedanken und die zunächst in dir aufsteigenden Gefühle zu achten, ein durch und durch wundervoll durchdringendes Selbstgefühl in dir. Es ist das Geschenk, das du dir zu Beginn jeden Tages machen solltest. Dabei geht es keinesfalls

TEIL 1: SCHAFFE INNERE GANZHEIT

darum, ein künstlich aufgesetztes Gefühl zu erzeugen, sondern tatsächlich so lange und intensiv in dich hinein zu spüren, bis es wahre Wurzeln in dir gefunden hat und nicht gleich wieder verpufft. Dieses selbst geschaffene Gefühl ist ein *reines Gefühl*, da es sich auf keine Sache bezieht, also mit keiner Situation und keinem Menschen verknüpft ist. Wäre dem so, würde das gute Gefühl verschwinden, sobald sich die guten Umstände auflösen. Natürlich kannst du dir zunächst ein bekanntes Gefühl in Erinnerung rufen, wie zum Beispiel vergangene Glücksmomente tiefer Zufriedenheit. Achte jedoch darauf, dass du dich anschließend vom bekannten Bild des Gefühlsursprungs wieder löst, sodass sich das Gefühl selbst in dir verankern kann.

Zu Beginn dieser Übungsreihe wird es dir vielleicht noch etwas schwerer fallen, ungeachtet deiner „realen" Lebensumstände, selbstständig aus dir heraus ein Gefühl entstehen zu lassen und zu erhalten. Mitunter bemerkst du aber auch, wie sehr du eigentlich von den Berührungspunkten mit anderen Menschen geformt wirst, ohne dass es dir überhaupt an der Oberfläche bewusst, geschweige denn dienlich ist. Breite dieses neu entstandene Gefühl anschließend vollständig in deinem Körper aus, sodass du die Gefühlsschwingung scheinbar in allen Zellen deines Körpers fühlen kannst. Daraufhin dehnst du es weiter aus, sodass alle Dinge im Raum – und darüber hinaus – davon umhüllt und durchdrungen sind. Erstaunt wirst du feststellen, dass nicht nur du selbst, sondern auch alle Gegenstände um dich viel lebendiger und sanfter anmuten. Du hauchst nämlich durch dieses selbst geschaffene Wohlgefühl nicht nur dir selbst, sondern auch allem Umgebenden endlich wahres Leben ein.

Alles, was nur die Umgebung spiegelt und darauf reagiert, wirkt viel weniger kraftvoll und selbstständig. Mach es dir also zur Gewohnheit, deine Aufmerksamkeit immer erneut zu dir selbst zurückzuziehen, wenn du im Tagesverlauf bemerkst, dass du sie wieder nach außen abgegeben hast

Zusammenfassung

1. Achte darauf, ob du dich von innen nach außen oder von außen nach innen wahrnimmst.
2. Positioniere deine Aufmerksamkeit anschließend stimmig in deinem Inneren.
3. Erzeuge ein durchdringendes Wohlgefühl in deinem Zentrum.
4. Dehne diesen neu erschaffenen Zustand vollständig in dir und um dich herum aus, sodass alles davon berührt ist.
5. Beobachte deine eigenen Gefühlsveränderungen über den Tag hinweg.
6. Kehre, wenn notwendig, deine Aufmerksamkeit wieder um und gleiche dein inneres Empfinden wieder an.

Schritt 2:
Dein Wahrnehmungszentrum platzieren

Du hast nun gelernt, wie du deine Aufmerksamkeit umkehrst, um dein ganz eigenes Lebensgefühl erzeugen zu können. Jetzt ist es an der Zeit, dass du dich damit beschäftigst, wie du idealerweise mit deiner Umgebung in Kontakt trittst, ohne dich darin zu verlieren.

Bist du vielleicht einer der Menschen, für die es extrem anstrengend ist, sich länger in einer Menschenmenge – wie etwa bei großen Konzerten, Messen oder Konferenzen – aufzuhalten? Falls es dir selbst nicht so geht, fällt dir bestimmt mindestens eine Person ein, die dieses „Zuviel-Sein" schon einmal beklagt hat und bei Trubel schnell abwesend wirkt. Natürlich gibt es Menschen, die es einfach lieber ruhig haben, doch es gibt dabei noch einen weiteren Aspekt.

Befindest du dich in einer unbekannten Umgebung, unter fremden Menschen und Dingen, so ist dies für deine Wahrnehmung ein wahres Feuerwerk. Sie befindet sich dann ununterbrochen in Bewegung. Dein Wahrnehmungszentrum wandert vom einen zum nächsten und es scheint, als könnte es keinen Halt machen. Doch dieser Zustand ermüdet dich schnell, du „schaltest ab" und kannst vielleicht nicht einmal mehr das richtig aufnehmen, was dir eigentlich wichtig war. Wie etwa der eigentlich spannende Vortrag oder deine netten Mitmenschen.

Doch wieso fühlt sich das so anstrengend an? Und was geschieht dabei mit deiner Wahrnehmung?

Die meiste Zeit nimmst du die Dinge nicht durch dich selbst wahr, sondern du wanderst mit deiner Aufmerksamkeit aus dir heraus, zum Objekt deiner Aufmerksamkeit hin. Je länger du jedoch mit deinem Wahrnehmungszentrum außerhalb von dir bleibst, umso weniger kannst du dich selbst spüren und erkennen, was für dich stimmig ist. Und umso weniger können dich auch andere Menschen spüren! Die Intensität deiner Ausstrahlung nimmt dabei ab, genauso wie deine Fähigkeit, Informationen einprägsam aufzunehmen und stimmige Entscheidungen zu treffen.

Nur wenn sich dein Wahrnehmungszentrum
in deinem Inneren befindet,
kannst du gezielt das wahrnehmen,
was für dich von Bedeutung ist.

3 SCHRITTE ZUM KONTAKT MIT DEINEM INNEREN

Deine „Anwesenheit" ist nämlich stets entscheidend. Beobachte dich zum Beispiel selbst einmal am Arbeitsplatz. Bist du eine Weile auf eine Aufgabe fokussiert und stehst zwischendurch kurz auf, um dir etwas zu trinken zu holen, bleibst du oftmals mit deiner Aufmerksamkeit trotzdem am Schreibtisch. Begegnet dir nun ein Arbeitskollege auf dem Weg zur Kaffeemaschine und bespricht mit dir etwas, vergisst du die Gesprächsinhalte wahrscheinlich viel eher, als wenn er zu dir an den Schreibtisch gekommen wäre und dir dort davon berichtet hätte. Es ist ein Unterschied alleine dadurch, dass du an dem einen Ort tatsächlich anwesend warst und am anderen nicht; dein Wahrnehmungszentrum befand sich noch immer an deinem Arbeitsplatz.

Aus demselben Grund erschöpft es dich auch schneller, in einer fremden Stadt unterwegs zu sein, als in deiner eigenen, die du gut kennst. Es ist eine Art Urlaubsphänomen. In deiner dir vertrauten Stadt fallen dir lediglich die neuen Dinge ins Auge. Hier bleibst du mit deiner Aufmerksamkeit viel eher bei dir.

Viele Menschen fühlen sich im Urlaub viel freier als zu Hause und schmieden dort Pläne, wie sie ihr Leben verändern wollen. Daheim angekommen, verschwindet diese Euphorie oft. Das liegt daran, dass Entschlüsse, die du aufgrund äußerer Umstände gefasst hast, oft nicht in den Alltag übertragbar sind. Wenn man sich wieder in seiner normalen Umgebung befindet, sind die Elemente nicht mehr vorhanden, auf die man seine Vorhaben aufgebaut und abgespeichert hatte. Das Fundament fehlt.

Dabei ist es keineswegs so, dass andere Menschen es nicht spüren, wenn du mit deiner Aufmerksamkeit woanders bist. Wir verwenden den Wortlaut sowieso schon im Alltag. „Du bist ja gar nicht da" oder „du bist ja ganz woanders" sagen wir zu unserem Gegenüber, wenn wir das Gefühl haben, nicht gehört zu werden. Und genauso ist es dann auch. In ganz vielen Momenten spüren wir intuitiv sehr schnell, was wirklich vor sich geht.

Fehlendes Verständnis für ein Projekt, Konzentrations- oder Merkfähigkeit oder ein Mangel an Kraft zur Umsetzung von Projekten können jedoch auch daran liegen (und das passiert dir am häufigsten), weil dein Wahrnehmungszentrum bei einer anderen Person ist. Entweder bei der Person, mit der du gerade sprichst, der du zuhörst oder bei der du gerade gerne wärst.

Wenn du nicht wirklich „anwesend" bist,
verlierst du an Motivation, Kraft und Ausstrahlung.

Viele Entschlüsse treffen wir in Bezug auf andere Menschen. Wie etwa für den Partner anders aussehen zu wollen und deswegen Sport zu treiben oder abzunehmen. Wenn du Entscheidungen nicht für dich triffst, wird es dir unglaublich viel schwerer fallen, diese in die Tat umzusetzen, und die Sache wird sich nie ganz wie dein „Eigenes" anfühlen. Doch war es nicht gerade das Gefühl, beim „Eigenen" angekommen zu sein, nach dem wir uns so sehr sehnen?

Noch dazu wirst du wahrscheinlich wieder deine alten Gewohnheiten annehmen, sobald du dich von diesem Partner trennst, da du diese Sache außerhalb von dir selbst entschieden hattest. Sobald das Element weg ist, auf dem die Entscheidung beruhte, hat diese keine Beständigkeit mehr, es sei denn, es ist währenddessen auch in dir selbst herangewachsen. Dein Wahrnehmungszentrum befand sich im Augenblick des Entschließens also beim anderen.

3 SCHRITTE ZUM KONTAKT MIT DEINEM INNEREN

Ein wahrhaftiger Wunsch zur Veränderung wird irgendwann einmal in dir gesät und wächst heran, bis es zu einem Moment kommt, an dem er deine Oberfläche erreicht hat und für dich selbst klar zu erkennen ist. Egal, wie lange es dauert, ein paar Tage, Wochen, Monate oder Jahre. Mit einem Mal ist dann alles klar. Dann basieren diese Entscheidungen wirklich auf deinem inneren Wesen und können beständig wirken.

Die wirksamsten Entschlüsse triffst du in den Momenten, in denen du ganz bei dir bist, in einer alltäglichen Situation. Während du in deinem Zentrum ruhst.

Dein Wahrnehmungszentrum ist dabei das Zentrum deines Energiefeldes. Es ist der Ort, an dem für dich alles ruhig und klar ist. Es ist im Grunde das Auge des Sturms. Mag noch so viel Bewegung um dich herum stattfinden, an diesem Ankerpunkt deiner Seele ist alles so still und unglaublich klar, dass du deine Antworten dort deutlich ablesen kannst.

Manchmal gelangst du wie „aus Versehen" an diesen innersten Punkt. Es sind eben diese berührenden Gespräche, in die du wie durch Zufall gerätst. Wenn du spürst, dass jemand wirklich hinhört, ohne dein Gesagtes zu beurteilen, und du dich ungeahnt so sicher fühlst, dass du alles fließen lässt und durch die Augen des anderen in dich selbst eintauchst. Hin zu diesem Punkt, an dem du dich traust, einmal all die verborgenen Gefühle in dir klar auszusprechen.

In solchen Situationen geschieht tiefste Berührung in beiden. Da sich beide Personen in ihrem Inneren befunden haben und wagten, wirklich hinzusehen, wodurch ihre Wahrnehmung ins eigene Innere gewandert war und sie den jeweils anderen aus ihrem Zentrum heraus, ganz bei sich, wahrgenommen haben.

TEIL 1: SCHAFFE INNERE GANZHEIT

Doch du kannst dein Wahrnehmungszentrum natürlich auch ganz bewusst dort platzieren, wo es dich zu innerer Klarheit und Eindeutigkeit führt. An dem die Menschen und Dinge, die dich umgeben, plötzlich viel lebendiger auf dich wirken. Und du selbst dich auch sehr lebendig fühlst. Weil du dann wirklich anwesend bist. In diesem Zustand beginnt alles, mit dir zu kommunizieren, da du nun endlich „zu Hause" anzutreffen bist.

Übung:
So platzierst du dein Wahrnehmungszentrum

Blicke um dich und nimm den Raum, die Gegenstände oder vielleicht auch die Menschen wahr, die dich umgeben. Schweife mit deinem Blick umher, so, wie du es im Alltag sonst auch tust. Halte deine Augen bei dieser Übung bitte zunächst geöffnet.

Jedes Objekt, das du dabei für einen Moment aufmerksam betrachtest, stellst du dabei ins Zentrum deiner Wahrnehmung. Dieses Zentrum springt also permanent umher und erhält immer wieder einen neuen Fixpunkt. Spüre in dich, wie es sich anfühlt, wenn du nach und nach verschiedene Dinge in dein inneres Bewusstsein nimmst und dabei jedes Element für einen Augenblick ins Zentrum deiner Welt rückst.

Nun fokussierst du gezielt ein Objekt. Vielleicht ein Bild oder eine Pflanze. Einfach das, was dich gerade am stärksten anzieht. Während du diese eine Sache betrachtest, beobachte dich selbst, wo befindet sich dein „Ich" gerade? Fühlt es sich nicht beinahe so an, als würdest du dich genau an der Stelle des betrachteten Objekts aufhalten? Also außerhalb von dir selbst?

3 SCHRITTE ZUM KONTAKT MIT DEINEM INNEREN

Nun stell dir dein Wahrnehmungszentrum als eine Art Energieform vor, die sich in diesem betrachteten Objekt befindet. Ziehe diesen Fokussierungspunkt nun allmählich zu dir und in dich hinein, sodass sich dieses Zentrum in deinem Inneren befindet. Lass deine Aufmerksamkeit ein paar Mal hin und her wandern, damit du immer deutlicher einen Unterschied fühlen kannst.

Wie fühlt es sich nun an, wenn du das Objekt durch dich selbst wahrnimmst? Fühlt es sich nicht beinahe so an, als würde sich das Betrachtete noch einmal im eigenen Inneren abbilden, wodurch du es in dir betrachten und auch erst richtig erfühlen kannst? Es wird beinahe ein Teil von dir. Wenn man es wieder aus sich herausschiebt und außerhalb betrachtet, wird es wieder weniger spürbar und lebendig sein.

Ähnlich wirst du empfinden, wenn du diese Übung mit einem Menschen machst. Zum Beispiel mit deinem Partner. Betrachte diese Person und spüre, wie du sofort dein Wahrnehmungszentrum in diese Person hineinverschiebst. Nun zieh dieses Zentrum ebenfalls wieder zu dir zurück, in dein eigenes Inneres. Von hier aus kannst du den Menschen mit mehr Gefühl, Hingabe und Geduld begegnen. Und du gibst ihnen den Raum, so zu sein, wie sie wirklich sind, weil sie spüren, dass du dich nicht in sie hineinprojizierst. Sondern eben ganz bei dir bist. Spürst du, wie sich diese Person nun anfühlt? Und besonders, wie fühlst du dich jetzt im Kontakt mit dieser Person? Empfindest du den Umgang miteinander so nicht viel freier und authentischer?

Nimmst du deine Mitmenschen
aus deiner eigenen Mitte heraus wahr,
beginnst du zu erkennen, was wirklich gemeint ist.

TEIL 1: SCHAFFE INNERE GANZHEIT

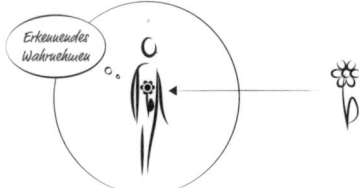

Ist dein Wahrnehmungszentrum stimmig platziert, beginnst du, das Wesen der Menschen und Dinge zu erkennen. Alles beginnt, mit dir zu kommunizieren.

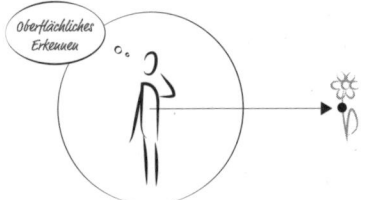

Befindet es sich ausserhalb deines Zentrums, nimmst du nur oberflächliche Informationen wahr.

Versuche darauf zu achten, dass sich dein Wahrnehmungszentrum die meiste Zeit in dir befindet. Du wirst dich dadurch immer stärker selbst spüren können und auch von anderen intensiver wahrgenommen werden.

Du bist nun wirklich „da". Und genau das bedeutet der so oft gehörte Begriff „jetzt". Du bist in einem Moment ganz bei dir und in dir und nimmst alles von diesem Punkt aus wahr.

Zusammenfassung

1. Beobachte dein Wahrnehmungszentrum und orte es in Bezug auf deinen eigenen Körper.
2. Zieh dieses Instrument zur Wahrnehmung in dein Inneres und positioniere es in deiner Mitte.
3. Nimm deine Umwelt nun aus dieser neuen Perspektive wahr und beobachte, wie du nun viel deutlicher das Wesen aller Dinge erspüren kannst.

Schritt 3:
Zugriff auf deine Eigenschwingung

Vielleicht erinnerst du dich noch daran, wie es sich anfühlt, lange auf einer Schaukel hin und her geschaukelt zu haben und anschließend beim Absteigen dieses Schaukel-Gefühl noch eine ganze Weile intensiv in dir zu spüren. Du nimmst die Schwingung der Bewegung quasi mit dir, obwohl sich dein Körper schon wieder in Ruhe befindet. Spannend, wie sehr sich dein Körper auf etwas „einschwingen" kann!

Doch nicht nur dein Körper, vor allem auch dein inneres Wesen kann verschiedene Schwingungen aufnehmen, denen du begegnest. Wie schnell und intensiv es sich auf die unterschiedlichsten Situationen einlässt und einschwingt, in die du täglich mehr oder weniger bewusst eintauchst, kannst du ganz einfach im Alltag beobachten. Bestimmt hast du schon einmal im Vorraum eines Kinosaals gesessen und auf den Einlass für deinen Film gewartet. Währenddessen konntest du herausströmende Menschengruppen beobachten, deren Film gerade geendet hatte.

Was das Faszinierende dabei ist? Du musst kein geschultes Feingefühl besitzen, um zu erkennen, welche Art Energie sie aus der eben gesehenen Vorstellung mitnehmen. Hier begegnen dir freudig strahlende Gesichter, die vielleicht gerade eine Komödie oder eine Liebesgeschichte fühlen durften. Jedoch auch ausdruckslose oder düster gestimmte Gemüter durch den mitgenommenen Eindruck von Intrigen, Gewalt oder Hass.

Das Bemerkenswerte ist, dass man allen diesen Personen anmerkt, wie sie die Emotionen des Filmes noch eine Weile mit sich tragen und dadurch den weiteren Verlauf des Beisammenseins beeinflussen. Klingt es dann unwahrscheinlich, dass man nach einem dramatischen Kriegsfilm eher in Streit gerät als nach einem herzöffnenden Liebesfilm? Kann es sein, dass wir uns dieser Schwingung, die wir noch eine Weile in uns tragen, anzupassen versuchen, damit ein Ausgleich zwischen unserer inneren und der äußeren Welt stattfinden kann? Etwa indem wir uns streiten, da wir die Wut, die wir zuvor zwei Stunden in uns eingespielt haben, nach außen geben müssen.

Natürlich kann es auch sein, dass du dich nach einem Romantikfilm genervt und traurig fühlst. Doch das lässt dich nebenbei meist darauf schließen, dass es eine Differenz zwischen der im Film empfundenen Liebe und deiner eigenen Beziehung gibt. Dass du also nicht dasselbe Gefühl in deiner eigenen Partnerschaft erzeugen kannst und deinem Inneren somit etwas fehlt, wodurch Sehnsucht entstehen kann.

Ein Film kann anspornen, inspirieren, dich selbst erhöhen und dich ausdehnen lassen. Oder aber drückend und ernüchternd wirken. Allein durch seine innere Aussage.

Egal, wie es sich darstellt, du bist nicht getrennt von dem, was dich umgibt. Und deiner Seele ist es egal, ob du einen Film siehst oder ob es „reale" Situationen sind, denen du begegnest.

Alle Menschen, mit denen du deine Zeit verbringst, beeinflussen dich ebenso. Genauso wie deine Arbeit und deine sonstigen Tätigkeiten und Beziehungen. Alles, was dich umgibt, schwingt auch in dich hinein und wird ein Stück weit von dir weitergetragen. Achte also besonders auf die Qualität der Dinge, die dich umgeben.

Achte auf die Qualität der Energien
– also Menschen und Situationen –,
in die du dich hineinbegibst.
Sie beeinflussen dich alle.

3 SCHRITTE ZUM KONTAKT MIT DEINEM INNEREN

Mit Qualität ist hierbei die innere Beschaffenheit und keineswegs eine *Gut-* oder *Schlecht*-Bewertung gemeint. Mit der Frage „Welche Qualität hat diese Situation für mich?", willst du lediglich herausfinden, was dir zuträglich ist und was eher weniger. Es ist also die Frage nach der Stimmigkeit in Bezug auf deine eigene Energie.

Wenn du nicht irgendwann beginnst zu entscheiden, welchen Energien du dich aussetzt, dann werden deine Entschlüsse stets von den Schwingungen deiner Umgebung definiert werden.

Doch bevor du entscheidest, welche äußeren Energieformen dir wirklich zuträglich sind, solltest du dich erst einmal auf dich selbst, deine ganz eigene Schwingung einschwingen. Das wird dir enorm helfen, dich erst einmal besser erspüren und erfassen zu lernen.

Du realisierst das, indem du in deine Eigenschwingung eintrittst, also in die Schwingung, die dir zu einem leichteren Zugang zu dir selbst verhilft und es schafft, deine Gedanken und Gefühle gezielter zu fokussieren. Und besonders die Dinge zu erkennen, die stimmig mit dir schwingen.

Diese Übung wirkt unglaublich kraftvoll. Sie bewegt deine Energie auf eine ganz bestimmte Ebene, die dich sehr kompakt und schlüssig dahin führt, deine Gedanken ganz unbewusst von unwichtigen Situationen lösen zu können. Du schwingst dich damit auf die energetische Ebene der Dinge ein, die dir guttun, und alles andere wird dabei immer unwichtiger für dich und bekommt die Chance, von dir abzufallen.

Diese Einschwingübung unterstützt dich auch zwischendurch in Situationen, bei denen es dir schwerfällt loszulassen, um dich anschließend neu zu fokussieren. Wie zum Beispiel nach einem aufwühlenden Gespräch oder schlechten Nachrichten. Und sie hilft dir abends vor dem Schlafengehen, abschalten zu können, deine tagsüber gebündelte Fokussierung auszubreiten und freizulassen. Sie darf nun wellenartig einschwingend um dich fließen.

Übung:
So erspürst du deine Eigenschwingung

Schließe deine Augen und fühle in dich hinein. Fällt dir auf, dass du gedanklich noch beim Bild des äußeren Raumes bist, so ziehe deine Aufmerksamkeit zunächst wieder bewusst in dein Inneres hinein. Spüre dich in dein eigenes Wahrnehmungszentrum hinein und achte darauf, dass es auch in dir bleibt. Erlebe und erfühle alles Folgende von diesem Mittelpunkt deines Wesens aus.

Stell dir ein bewegtes Schwingungsdiagramm, ähnlich dem, wie du es vom Herzschlag her kennst, vor. Lass dabei die Schwingungswellen gleichmäßig vor deinem Zentrum auf und ab gleiten und beobachte deren sanfte Bewegungen. Immer weiter auf und ab.

Achte noch einmal bewusst darauf, an welcher Stelle dieses Schwingungsbild vor dir abläuft. Falls du es dir auf Augenhöhe vorstellst, schiebe dieses Bild weiter nach unten bis zu deinem Zentrum und lass es dort weiterlaufen, denn nur dort wirkt es auch vollständig in dir und durch dich.

Nun tritt einen Schritt näher an diese Wellenbewegung heran und tauche ganz in sie ein. Setze dich gefühlt auf die Schwingungswellen und lass dich auf ihnen immer näher an dein eigenes Zentrum tragen. Fühle, wie sich dein Wesen mit den Wellen auf und ab bewegt, und spüre ganz bewusst in diese Bewegung hinein.

3 SCHRITTE ZUM KONTAKT MIT DEINEM INNEREN

Nachdem du eine Weile mit den Wellen in Bewegung gekommen bist, beginne, deren Geschwindigkeit und die Höhe der Schwingung wahrzunehmen. Erinnere dich daran, dass es eine ganz bestimmte Frequenz gibt, die dir genau entspricht. Es ist nicht wichtig, dass du diese sofort erfühlen kannst, sondern dass du beginnst, achtsam hineinzuspüren, um dich ihr allmählich annähern zu können.

Wie fühlt sich die aktuelle Frequenz an, in die du eingetaucht bist? Sind die Schwingungen eng aneinander gereiht und wirken vielleicht etwas hektisch? Oder bewegen sie sich schon recht langwellig, sodass du bereits ruhiger auf ihnen fließen kannst?

Nimm diesen Wert als deinen Ausgangspunkt, um deine Schwingung nun sanft zu verlangsamen und so tiefer in dich einzutauchen. Schwinge kontinuierlich weiter und zeichne dabei immer längere Wellen mit hohen Kurven.

Dabei wirst du schnell spüren, wie erdend es sich anfühlt, in eine bewusstere Frequenz einzutauchen.

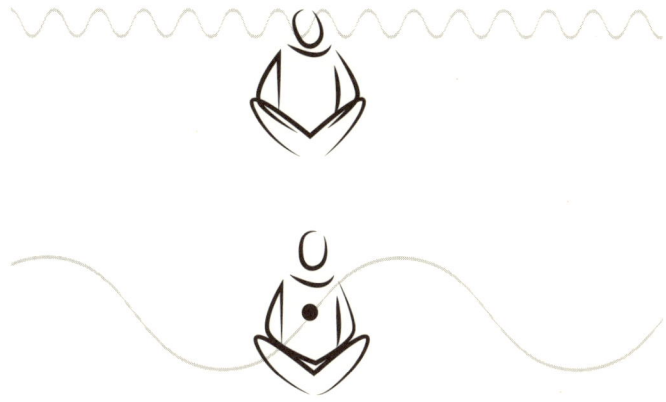

Experimentiere so lange, bis du eine Art von Schwingung gefunden hast, die dir sehr angenehm erscheint. Mit der du dich identifizieren kannst. Die sich ganz nach dir anfühlt. Mach so lange weiter, bis du mit der Wellenbewegung vollkommen eins geworden bist! Du fühlst dich dann schwingend kraftvoll und angefüllt mit sanfter Klarheit.

Nachdem du noch eine Weile in dieser Schwingung ruhen konntest, überträgst du diese eigene Energie auf deine Umwelt. Dehne sie dazu immer weiter um dich herum aus und öffne deine Augen mit dem Gefühl, dass diese Schwingung alles um dich herum durchdringt und beschwingt.

Zusammenfassung

1. Beobachte deine Wahrnehmung und verschiebe sie hin zu deinem Zentrum.
2. Lass Schwingungswellen in dir entstehen und tauche vollständig darin ein.
3. Verändere diese Schwingung so, dass du das Gefühl hast, die Frequenz entspricht genau dir.
4. Öffne deine Augen und übertrage diese Eigenschwingung auf deine Umgebung.

Erst wenn du dich wirklich auf dich selbst eingelassen hast, wenn du dich also nicht mehr gegen das Erfühlen deines eigenen Wesens sträubst, sondern dein Ich-Gefühl ganz so, wie es sich dir eben in deinem Wahrnehmungszentrum darstellt, annimmst und darin eintauchst, befähigst du dich dazu, aktiv etwas in – und somit auch an – dir zu verändern. Denn die meiste Zeit versuchen wir im Grunde, uns von uns selbst abzulenken, und greifen beinahe bei jeder äußeren Gelegen-

3 SCHRITTE ZUM KONTAKT MIT DEINEM INNEREN

heit dankbar zu. Vor allem unsere Bereitschaft, andere bei ihren eigenen Gefühlsbelangen liebevoll zu unterstützen, ist sehr ausgeprägt. Und so lassen wir diese Zuwendung viel eher unseren Mitmenschen und Freunden zuteil werden als uns selbst. Unser eigenes Inneres strebt jedoch ebenso nach genau dieser Hingabe und Beachtung, um sich dann wirklich fokussiert und zielführend, ohne Drama und selbst geschaffenes Leiden, nach außen zeigen zu können.

Lass dich endlich vollständig auf dich selbst ein.
Ohne Vorbehalte und ohne dich selbst
dabei immer wieder zurückzuweisen.

Sobald du dich auf dein wesenseigenes Schwingen einlassen konntest, wird es dir sehr viel leichter fallen, dich anschließend mit deinem Energiefeld in seinen Details zu befassen.

Strukturelle Klärung deines Energiefeldes

Im natürlichen Zustand entspricht alles seiner eigenen Ordnung und Grundstruktur. Dem eigenen Takt, Muster und einer ganz individuellen inneren und somit auch äußeren Form. Dabei entspricht es wirklich der Wahrheit: Du selbst weißt tatsächlich stets am besten, welcher der nächste richtige Schritt für dich ist. Doch kannst du diesen Schritt auch stimmig erfühlen, wenn du dein Feld immer wieder mit fremden Ansichten, Gedanken und Mustern befüllst und dadurch dein ganz Eigenes herausgeschoben hast?

Du kannst an nichts anderem etwas ändern, als bei dir selbst. Doch wenn du dich selbst änderst, wird sich deine ganze Welt daran angleichen! Je nachdem, wie ausgeglichen und bereinigt du in den einzelnen Aspekten deines Wesens durch die Welt gehst, hast du die Fähigkeit, bestimmte Arten von Menschen, Situationen und Dingen anzuziehen.

Im Idealzustand bildet dein Energiefeld ein funktionierendes System, das sich im umgebenden Gesamtsystem stimmig einfügen kann. Dafür sollte es in sich vollständig sein und die richtige, also die stimmig eigene Form angenommen haben. Sobald es innerhalb deiner Energie Unstimmigkeiten gibt, solltest du dieses Energiesystem zunächst wieder vervollständigen, damit es fließend im größeren Ganzen eingebunden werden kann. In deine Beziehungen, deine Begegnungen, dein berufliches Gefüge und deine inneren Fähigkeit zu Kommunikation und Kontakt mit deiner Welt. Solange dein eigenes System in sich nicht ganz bzw. vollständig ist, muss es sich um sich selbst kümmern. Was sich beispielsweise in kreisenden Gedanken um dich selbst und deine Lebenssituation ausdrückt. Wie kannst du dich da perfekt um äußere Entwicklungen kümmern? Sobald

STRUKTURELLE KLÄRUNG DEINES ENERGIEFELDES

man dagegen alle eigenen Teilchen komplett beieinander hat, ist dieses innere System bereit, sich nach außen hin zu öffnen. Erst dann kannst du dich stimmig ins Gesamtsystem einsetzen und ausstrahlen.

Gestatte dir nun,
die Verantwortung für dein inneres Handeln zu übernehmen.
Erst dann wird deine Energie auch auf dich hören.

Letztendlich geht es darum, nicht nur für das äußere Leben, sondern besonders für deine innere Ganzheit die Verantwortung zu übernehmen. Nur du selbst kannst dafür sorgen, dass dein Energiefeld stimmig geformt ist und wirksam werden kann. Sobald du diese Verantwortung annimmst, hast du alles selbst in der Hand. Bilde ein harmonisch fließendes Ganzes, sodass du ideale Voraussetzungen für deine Vorhaben schaffst. Nachdem du die einzelnen Schritte zur Klärung getan hast, wird sich dein Herz sehr offen und weit anfühlen, liebend und rein in seinem Ausdruck und deiner entscheidenden Instanz, deiner Seele, eine spürbare Gewissheit geben, die sich dir in einem viel deutlicheren und klaren Selbstgefühl zeigt.

Echtheit ist spürbar

Denn du bist Meister der Erkenntnis, wenn es um dich selbst geht. Doch eben nur, wenn du ganz ohne deine emotionale Brille hinsiehst und der Wahrheit die Chance gibst, sich zu zeigen. Dein „inneres Kind" ist nur ein Deckname für diese innere Wahrheit. In jedem Fall berührt es so sehr wie nichts anderes, dieses eigene Echte wirklich anzusehen. Doch das geht nur dann, wenn du die Informationen deines Energiefeldes klar ablesen kannst und möchtest! Eine solche Klarheit

TEIL 1: SCHAFFE INNERE GANZHEIT

und Eindeutigkeit bekommt dein intuitives Spüren jedoch lediglich dann, wenn du es von Fremdeinflüssen klärst und nur deine eigene Energie in dir trägst!

Deine Authentizität ist dabei der Katalysator für die Öffnung und Hingabe der Menschen und Dinge in deinem Leben – aber nur, wenn sie wirklich echt ist. Alles Vorspielen dir selbst gegenüber wird dagegen ein schmerzliches Ende haben. Denn am Ende deines Lebens wird es dir wahrscheinlich keine Freude bereiten aufzuzählen, welche Dinge in deinem Leben den anderen Menschen Gefallen bereiten konnten, sondern welche Dinge, die du erschaffen hast, wahrhaftig die Fähigkeit hatten, dich in deiner Essenz zu berühren und in der Tiefe deiner Seele zufriedenzustellen.

Dieses Empfinden von tiefer Zufriedenheit aufgrund des gelebten eigenen Ausdrucks ist der Antrieb, der ewig anhält und immer wieder aus unserem Inneren aufgerufen werden kann. Die Momente, in denen wir Dingen begegnet sind, bei denen wir augenblicklich spüren konnten, dass sie zu uns gehören müssen, da sie sich wie wir selbst anfühlten.

> *Du musst dich öffnen,*
> *um dich wirklich „erkannt" zu fühlen.*

Wage dich also zurück zu wahrer Integrität und entlasse dich aus den Ansichten und Meinungen anderer. Welche Art zu sein entspricht dir wirklich? Welche Verhaltensweisen stammen ursprünglich von dir und welche sind reine Übersprungshandlungen, die verdecken, wer du tatsächlich bist?

Mach es dir zur Gewohnheit, immer mal wieder zu testen, wie du eigentlich ursprünglich authentisch handeln möchtest. Allein das eröffnet dir den Zugang zu einer Welt, die ebenso leben möchte wie du. Denn für jede Energieform

STRUKTURELLE KLÄRUNG DEINES ENERGIEFELDES

existiert eine eigene Welt, und wenn du beginnst, dich mit genau derjenigen Energie zu füllen, der du im Leben begegnen möchtest, erlebst du diese in wunderschönen Ausdrucksformen auch in deinem Umfeld.

Manches mag sich durch eine solche neue Beziehung zu dir selbst von dir lösen wollen – Partnerschaften, Freunde, berufliche Tätigkeiten, die nicht mehr passen. Du kannst dir sogar sicher sein, dass es früher oder später so sein wird. Doch was darauf folgt, ist eine unbeschreiblich liebevoll ehrliche Welt, die mit dir als ihrer Mitte wunderbar funktionieren wird. Die dich genau als denjenigen erkennen wird, der du immer schon warst. Es ist der einzige Weg, um dich wahrhaft gesehen und erkannt zu fühlen.

Wie wäre es also, in einer Welt zu leben, in der du nicht ständig versuchen würdest, dein Herzeigenes zu verbergen? In der du den Menschen ansehen kannst, welche Rollen sie für dein Leben spielen – indem du dich in ihre Energie hineinfühlst und dadurch erkennen kannst, wer sie wirklich sind.

Doch bevor du auch bei anderen erspüren kannst, wie sie mit dir in Verbindung stehen, ist es von großer Bedeutung für dich, deine eigene stimmige Form kennenzulernen. Nicht nur deine allgemeine Schwingung, sondern auch dein Energiefeld im geordneten Zustand zu erfahren, da du nur so deutlich spüren kannst, wann es durcheinander gekommen ist, dir Teile fehlen oder du fremde Anteile mit dir herumträgst. Und – in Bezug auf Menschen, Dinge und Situationen – wie sich dein Feld in Berührung mit stimmigen Konstellationen anfühlt, damit du immer zuverlässiger, auf lange Sicht zufriedenstellende Entscheidungen treffen kannst. Dein Energiefeld befindet sich dann nämlich in begehrenswert schöner Ordnung und Harmonie.

◁◉▷ TEIL 1: SCHAFFE INNERE GANZHEIT

*Den tieferen Aspekt von Schönheit
erfährst du nur durch deine eigene Stimmigkeit.*

So ist Schönheit eben doch der ausschlaggebende Faktor. Nur, dass wir manchmal vergessen, wo sie in Wahrheit zu finden ist. Wir bewundern wahre Schönheit über alle Maßen. Sie hat die Eigenschaft, uns in der Tiefe anzuziehen und nicht mehr loszulassen. Sie hat sogar die Fähigkeit, uns zu heilen. Schönheit gibt uns ein erleichterndes Gefühl von Ordnung und Sicherheit. Sie berührt unsere tiefe Sehnsucht nach Hingabefähigkeit und Fließen, denn alles, was wir uns wünschen, ist, endlich einmal wirklich loszulassen und ganz so angenommen zu werden, wie wir eben sind.

Der Einfachheit halber haben wir das Erkennen von Schönheit nach außen verlagert und wundern uns, dass Gefühle auf diesem Weg nicht mehr nachhaltig andauern und ständig enttäuscht werden. Der Spruch „Wahre Schönheit kommt von innen" trägt die Weisheit in sich. Wir haben lediglich verlernt, den wahren Aspekt von „schön" lesen zu können. Im Grunde bedeutet Schönheit die Harmonie und Anmut deiner inneren Struktur und ist der Ausdruck stimmiger Konstellationen in und mit dir. Diese Schönheit können wir nur dann erkennen und ausdrücken, wenn wir auf Basis unseres eigenen inneren Wesens leben und alles, was ansteht, danach entscheiden. Aus dieser Haltung heraus laden wir Berufe, Partnerschaften und Situationen in unser Leben ein, die die Fähigkeit haben, nachhaltig anziehend auf uns zu wirken. Alles das, was wir dagegen nach äußerem Gefallen an uns reißen, werden wir innerlich wieder abstoßen, sobald wir unseren Blick in dessen Inneres werfen und intuitiv erkennen, dass irgendetwas nicht ganz stimmt.

STRUKTURELLE KLÄRUNG DEINES ENERGIEFELDES

*Was du nur nach äußerlichen Aspekten gewählt hast,
wirst du wieder abstoßen,
sobald du die fehlende innere Stimmigkeit bemerkst.*

Wahre Schönheit begegnet dir zum Beispiel in Form eines Menschen, der dich geborgen und sicher fühlen lässt, da du spürst, dass es keinen Raum zwischen euch gibt. Lediglich etwas, das ganz tief stimmig ist.

Und ganz im Besonderen begegnet dir Schönheit auch in dir selbst. In den Momenten, in denen du deine eigene Essenz berührst und in sie eintauchst. Indem du tust, was dir stimmig entspricht und dich in Einklang mit dir selbst schwingen lässt. Wir nennen dies Glück.

Energetisch gesprochen: Es ist die berührende Schönheit, die von einer Energieform ausgeht, die in stimmiger Zusammensetzung ihrer eigenen Einzelteilchen lebt. Diese Vollständigkeit ist deswegen so schön, weil sie die Fähigkeit besitzt, sofort in unser Inneres einzufließen. Wir fühlen uns vollständig, und das erst stellt uns wirklich zufrieden.

Du bist eine dieser Energieformen!

Die stimmige Wirkung deiner Person

Doch nicht nur die Beschaffenheit deines Energiefeldes hat Einfluss auf deine Umgebung, sondern auch, wie du mit den Informationen, die darin enthalten sind, umgehst. Dabei wirkt ein wirklich authentischer Ausdruck deines Wesens durch und durch berührend auf deine Mitmenschen – und auch auf dich selbst. Kein Lächeln wirkt so strahlend wie deine Augen, wenn sie dich selbst widerspiegeln. Keine Worte bewirken mehr Verständnis als diejenigen, die wahrhaft aus deiner eigenen Mitte kommen und durch deine eigene

Energie geprägt sind. Und kein Funke kann überspringen, wenn du ihn nicht für dich selbst entzündet hast.

Deine Ganzheit kann jeder spüren.

Vielleicht hast du schon einmal beobachtet, unter welchen inneren Umständen dir erstaunlich berührende Menschen oder vielversprechende Situationen begegnen?

Entweder du warst in einem Zustand innerer Fülle und Zufriedenheit, oder du warst so niedergeschlagen, dass du für einen Moment losgelassen und alles freigegeben hast. In einem Zustand der Aufgabe aller inneren Barrieren öffnen sich alle Kanäle wieder, die man durch Unwillen und Stagnation geschlossen hatte. So kann es sein, dass dir in hilflos erscheinenden Situationen genau die Menschen und Worte begegnen, die du benötigst, um neuen Aufschwung zu bekommen.

Die sehr viel angenehmere Variante jedoch ist, sich selbst in Balance zu halten. Es bedeutet, sich täglich nicht nur äußerlich, sondern auch innerlich zu reinigen. Im Besonderen in Phasen des Beginns neuer Projekte und jeglicher Art von Beziehungen. Denn du bist es immer nur selbst, worauf du aufbauen und ein tragendes Fundament bilden kannst. Leg also Wert darauf, die Dinge ganz zu tun, und das schon, bevor sie beginnen!

Nun ist die Chance gekommen, dich selbst „in Ordnung" zu bringen. Überprüfe, was wahrlich in dir vorhanden ist. Welche Aspekte, die du jetzt lebst, gehören wirklich zu dir und welchen Anteil deines wahren Wesens lebst du noch nicht wirklich? Den wahren Weg unseres Wesens im Gesamten erkennen zu können, beginnt in uns. Durch eine wirklich ehrliche Kommunikation mit unserem Seelenwesen.

Die Stimme deiner Intuition deutlich wahrnehmen zu können, ist dabei stets die Basis einer funktionierenden Beziehung mit dir selbst. Fällt es dir zunehmend schwer, klare Entscheidungen zu treffen, oder wünschst du dir, dich selbst wieder intensiv spüren zu können, so solltest du zunächst dein Energiefeld klären. Deine innere Stimme liefert dir anschließend wieder zuverlässig und deutlich die stimmige Antwort, wenn du dir die Zeit nimmst, hinzusehen.

Egal, was du tust, beginne immer mit dem Blick nach innen. Damit das Sichtbare die richtige Gestalt annehmen kann.

Durch inneres Durcheinander hast du dich wahrscheinlich an manchen Weggabelungen für einen etwas aufwendigeren Weg entschieden. Doch musst du keine deiner Entscheidungen rückgängig machen, um in Zukunft ein Leben führen zu können, das deinem Herzen entspricht. Du musst auch kein Karma aufarbeiten oder ähnlich umständliche Aktionen unternehmen. Die Lösung liegt zunächst einfach darin, dich selbst in Ordnung zu bringen, bevor du den nächsten richtigen Schritt erkennen kannst. Und das am besten jeden Morgen, bevor du deinen Tag beginnst oder etwas Neues ins Leben rufen möchtest.

TEIL 1: SCHAFFE INNERE GANZHEIT

5 Schritte zum vollständigen Seelencode

Du bist der Ausgangspunkt deines Lebens. Deiner werdenden Geschichte und all deiner noch in der Entstehung begriffenen Erfahrungen. Ein wunderbar passgenaues Rädchen in der Gesamtmaschinerie des Lebens, in der jedes Teilchen seinen Platz hat, eine ganz eigene Funktion, und immer wieder dazu aufgefordert wird, diese ganz individuelle und ganz besondere Funktion auch auszufüllen.

Spielen alle diese Teile des universellen Gesamtsystems gut zusammen und befinden sie sich neben ihren ebenso passgenauen Nachbarteilen, so ergibt sich das System als wunderbar fließendes Ganzes. Aus vielen Einzelteilen wird auf diese Weise eine Einheit, und eine wunderbare Vernetzung untereinander kann entstehen. Positionieren wir die Teile, also auch uns selbst, jedoch unwissend und eher willkürlich im Gesamtsystem und versuchen vor allem, durch reines Wollen ein stimmiges Ganzes entstehen zu lassen, so werden wir uns als Einzelwesen niemals wirklich eingebunden und als harmonisch passend empfinden können.

Für jedes Innenleben gibt es auch eine passende Außenwelt. Für jede noch so außergewöhnliche Art, als Mensch in dieser Welt zu sein, existiert eine bestimmte Gruppe an Menschen, die ganz ähnlich fühlt und denkt. Fühle dich also niemals mehr als Außenseiter, oder gar überflüssig oder nicht dazugehörig zu den anderen. Vielleicht bist du nur am falschen Ort oder hast deine eigenen Teilchen einfach noch nicht stimmig zusammengefügt. Das aber ist möglich.

Möchtest du dich also wohlwollend eingebunden fühlen, so solltest du lernen, als das wahre „Ich" in deiner eigenen Welt zu handeln, um genau dort hinzukommen, wo du dich absolut stimmig einsetzen kannst. Denn:

5 SCHRITTE ZUM VOLLSTÄNDIGEN SEELENCODE

*Möglicherweise geht es nicht darum,
dass wir alle die gleichen Chancen haben,
sondern die für uns genau richtigen.*

Mögen unsere übergeordneten Wünsche auch gleich sein, wie etwa die Sehnsucht nach Hingabe, tiefer Liebe und Berührung. Doch die Wege und Mittel der Menschen, um diesen Zustand innerer Zufriedenheit und Gewissheit zu erreichen, sind doch sehr unterschiedlich.

Sorge also dafür, dass du fühlen kannst, wer du wirklich bist, sodass du auch handeln kannst, wie es zu diesem inneren Selbst stimmig passt. Die Grundlage dafür ist immer dein eigenes Energiefeld!

In den folgenden fünf Schritten zur inneren Ganzheit kannst du lernen, dich selbst, dein feinstoffliches Ich wieder zu vervollständigen, sodass du dich ganz als dieses wahrnehmen und empfinden kannst.

Erlaube dir zu Beginn dieses Prozesses zwei bis drei Wochen als Testphase. In dieser Zeit kannst du in Ruhe, Schritt für Schritt, die innere Gewissheit und das nötige Vertrauen aufbauen, das notwendig ist, um anschließend völlig intuitiv stimmige Entscheidungen treffen zu können.

Schritt 1:
Der Ankerpunkt deines Seelenwesens

Wir beginnen unser Leben in perfekter Ordnung. Einer ganz natürlichen Form unseres Daseins. Dabei verbindet sich die Seele mit einem körperlichen Ausdruck, um sich selbst darin erleben zu können. Sie harmoniert zunächst mit ihrem Körper und gibt alle Informationen, die sie in sich trägt, auf ganzheitlich stimmige Weise nach draußen, um sich selbst die Erfahrungen zu ermöglichen, die sie wahre Freude empfinden lässt.

Sobald wir uns jedoch in das Energiewesen Welt einbinden, tauchen wir gleichzeitig auch in eine Art Erinnerungsfeld des Lebens ein. Und ab diesem Zeitpunkt werden wir konsequent und immer stärker beeinflusst. Dabei ist Beeinflussung im Grunde ein positives Merkmal, da wir nur durch gegenseitigen Schwingungsaustausch miteinander verbunden sind. Doch nehmen wir natürlich auch von vornherein Energien und Gedankenformen auf, die uns vielleicht weniger zuträglich sind. Je stärker wir dabei den Blick nach außen wenden, umso mehr Verwirrung entsteht im eigenen Inneren.

Du wirst bestimmt schon bemerkt haben, dass es dir dadurch im Laufe deines Lebens immer schwerer gefallen ist, deiner eigenen inneren Wahrheit noch zu begegnen. Sie ist oft weit von dem entfernt, was du offensichtlich in deiner Umwelt beobachtest. „Wie die Dinge laufen, so laufen sie eben", denkst du dann vielleicht. Doch irgendwann klopft es von innen an, und wenn du die Tür dann einen Spaltbreit öffnest, begegnet dir vielleicht ein herzöffnendes Selbstgefühl, das eine ganz andere Blaupause deiner Welt in sich abgespeichert hat. Die du – egal, welchen Weg du bisher gegangen bist – jederzeit leben kannst, sobald du nur bereit dazu bist, mit ein wenig Einfühlungsvermögen dort hinzusehen.

Hast du dieses Buch bis zu diesem Punkt gelesen, so hast du die Tür diesen ersten Spalt, hin zu einem intensiveren und ehrlicheren Kontakt mit deiner Seele bereits geöffnet. Nun kannst du Schritt für Schritt wieder Zugang zu deiner ganz individuellen Lebens-Blaupause finden. Allein durch dein einfühlsames Interesse und deine Bereitschaft, etwas tiefer zu graben.

5 SCHRITTE ZUM VOLLSTÄNDIGEN SEELENCODE

Nun gilt es, das, was du in deinem Wesen vorgefunden hast, wieder konsequent zu klären und stimmig zueinander zu fügen. Zuerst einmal in deinem Inneren, damit sich das Äußere nach und nach anpassen kann. Das Wichtigste ist zunächst, die schlüssige Beziehung zwischen deinem Energiefeld und deinem Körper wiederherzustellen. Denn darauf basiert jegliche Energie- und Informationsübertragung. Und diese wiederum beeinflusst dein Lebensgefühl, deine Lebendigkeit, die Form deiner Ausstrahlung und das Gefühl von „Wer bin ich?" ganz enorm.

Der erste wichtige Schritt wird sein, dein Energiefeld passend in deiner Körpermitte zu verankern, damit dich die Essenz deines Seelenwesens und besonders dessen Inhalte wieder vollständig erreichen können. Du bindest dich damit wieder körperlich an das Netzwerk deines Energiesystems an.

Dein Körper allein kann im Grunde auch auf Autopilot laufen. Dann jedoch nur im Repeat-Modus, indem er lernt, aufnimmt, wiederholt und vielleicht in Einzelteilen wieder neu zusammensetzt, was er faktisch gelernt hat. Aber:

Wahre Verbindung, stimmiges Neues und
das wunderschöne Gefühl von Selbstverwirklichung entstehen
erst durch das Angebundensein an das eigene Seelenwesen.

Wieso verschieben wir unser Energiefeld überhaupt aus uns heraus?, fragst du dich vielleicht. Durch ganz unterschiedliche Lebensereignisse kann es passieren, dass wir versuchen, unser Energiefeld ein Stück weit aus uns zu verdrängen, um uns so von unserem feinstofflich intelligenten Wesen abzulösen. Dies kann ganz unbewusst durch unangenehme Erlebnisse wie Trauer, Ängste oder Schuldgefühle ausgelöst werden. Durch einen Schockzustand wie Unfall oder

Missbrauch kann das Energiefeld sogar ganz aus uns heraus geschoben werden, damit wir in eine dumpfere Verfassung gelangen können. Das hat den akuten Nutzen, dass wir uns dann selbst weniger spüren, also zum Beispiel auch den physischen oder psychischen Schmerz nicht so stark empfinden müssen. Geistige oder körperliche Gewalt, ganz egal, ob sie uns zugefügt wird oder ob wir sie selbst ausüben, führt dazu, dass sich die eigentlich zusammengehörenden Elemente – Wesenheit und Körper – voneinander ablösen und gegeneinander verschieben können.

Um immer und immer wieder Dinge zu tun, die deinem eigenen Seelenwesen nicht entsprechen, musst du im Grunde erst „aus dir herausgehen". Es ist so gesehen die einzige Alternative dazu, sich tatsächlich in sich selbst einzufühlen und die eigenen Entscheidungen stets mit der Energiestruktur und Stimmigkeit des eigenen Seelenwesen abzugleichen.

Aber wer kennt das nicht – in diesem abgelösten und unverbundenen Zustand fühlen wir uns sehr schnell unangenehm leer, frei von Sinnempfinden und spürbarer Lebenslust. Eine wirkliche gesunde Entscheidungsfähigkeit wird jedoch hauptsächlich über die Antworten des eigenen Seelenwesens entstehen, was wiederum eine gute Verbindung zu sich selbst voraussetzt.

Beginnen wir also zunächst damit, dein Inneres wieder stimmig in dir zu verankern, damit du uneingeschränkten Zugriff und wahren Einblick in dein eigenes inneres Wesen erhältst!

Diese Verbindung geschieht über einen Ankerpunkt im Zentrum deines Energiefeldes, den du schlüssig mit deinem Körperzentrum verknüpfen kannst. Anhand dieses Punktes kannst du später auch immer wieder testen, ob du dich noch optimal positioniert in dir selbst befindest.

Interessanterweise ist genau dieser Ankerpunkt auch der Entstehungsort deines Gefühls von Sicherheit. Vielleicht ist dir das selbst schon einmal aufgefallen. Dieses sehr erdig warme Empfinden entsteht unter anderem, wenn dir „ein Stein vom Herzen fällt". Deine gebündelte Gefühlswahrnehmung rutscht dann vom verängstigten Herz in Richtung Magen beziehungsweise Solarplexus und kann sich dort erst wieder harmonisch ausdehnen, was vorher im erstarrten Herzen nicht möglich war. Wahre Verbundenheit erschafft also das zuversichtlich wohlige Gefühl innerer Sicherheit, das uns wiederum den Mut gibt, etwas genauer hinzusehen, wenn es um die zufriedenstellende Gestaltung unseres Lebens geht.

Übung:
So positionierst du deinen Ankerpunkt

Schließe deine Augen und tauche in dich ein. Fühle dich bewusst in deinen Energiekörper, also dein Energiefeld hinein. Wie bei jeder Übung geht es zunächst wieder darum, dein Wahrnehmungszentrum zu positionieren. Werde dir also des äußeren Bildes deiner Umgebung gewahr, das du wahrscheinlich noch vor dir hast, und ziehe deinen Fokus in dich hinein, sodass du auch wirklich dich selbst aufnehmen, erspüren und verändern kannst.

Nun versuche, dein dich umgebendes Energiefeld als eine Art kugelförmigen Nebel aus Energieteilchen wahrzunehmen. Wenn es dir noch schwerfällt, es zu spüren, dann visualisiere es einfach wie beschrieben. Denn die Essenz der Übung wirst du trotzdem spüren und wirksam ausführen können. Nach einigem Training wird es dir immer leichter fallen, dein Energiefeld wahrzunehmen. Mag es auch zunächst unklar sein, es genügt vollkommen, darauf kannst du vertrauen.

Jetzt beginne, dieses Energiefeld zu orten. Befindet es sich gut sitzend im Zentrum deines Körpers und schließt es deine physische Form vollkommen ein? Oder nimmst du es vielleicht leicht verschoben in Bezug zu deinem Körper wahr – beispielsweise ein Stückchen zur Seite oder nach vorne versetzt? Eventuell fühlst du es sogar etwas weiter aus dir herausgerückt.

Wie auch immer es sich dir darstellt, du wirst es mit dieser Übung wieder zentral in dir positionieren und verankern können, damit eine klare und funktionierende Kommunikation zwischen dir, also deinem inneren Wesen, und deinem Körper und deinem Verstand stattfinden kann.

Visualisiere nun einen zentralen Punkt in dieser Wolke aus Energieteilchen. Dieser Punkt wird nun dein „Ankerpunkt" sein, mit dessen Hilfe du dein Energiefeld genau passend mit deinem Körper verbinden kannst, sodass diese in perfekter Ordnung und Harmonie zueinander stehen und optimal für dich arbeiten können. Der zugehörige Zielpunkt befindet sich in deinem Körper etwa auf Höhe deines Solarplexus, also zwischen Brustkorb und Magen.

Hast du Körper und Energiefeld bewusst wahrgenommen, so beginnst du nun, dein Energiefeld mithilfe des Ankerpunktes hin zum Zentrum deines Körpers zu bewegen. Vielleicht funktioniert es bei dir wunderbar schnell, doch gib dir auch die Zeit, falls es etwas länger dauern sollte. Versuche nicht gewaltsam daran herumzureißen, und habe Geduld, falls es sich nur langsam bewegen lässt. Achte ganz besonders darauf, dass jede Bewegung, jede Energieverschiebung ihr eigenes Tempo hat. Mit der Zeit und einiger Übung wirst du deine eigene Energie immer besser unter Kontrolle haben und wunderbar feinfühlig auf sie eingehen können.

5 SCHRITTE ZUM VOLLSTÄNDIGEN SEELENCODE

Wenn du dein Energiefeld stimmig zu deinem Körper verschoben hast, dann liegen beide Zentrumspunkte – der deines Energiefeldes und der deines Körpers – übereinander, sodass du dein feinstoffliches Wesen mit deinem physischen Körper verankern kannst. Indem du jetzt klar den inneren Befehl gibst: „miteinander verbinden".

Sieh nun zu, wie die in deinem Seelenwesen enthaltenen Informationen ungehindert in dich einfließen können, um sich in deinem Körper weitläufig zu verästeln und sich auf alle Bereiche auszudehnen.

Ankerpunkt platziert: Ermöglicht dir gezielte Fokussierung, Ruhe und Präsenz.

Ankerpunkt verschoben: Führt dich zu innerer Unruhe und kreisenden Gedanken um dich selbst.

Fühle dabei, wie die Informationen deines Seelenwesens nun wieder ungehindert in deine Welt einfließen können und dich viel besser erreichen. Spüre, wie alles in dir stimmig und wie von selbst neu programmiert wird, um eine fließende Einheit von innen nach außen zu erschaffen. Erlaube, dass diese Informationen als Gedanken und Gefühle in dir Form annehmen dürfen.

TEIL 1: SCHAFFE INNERE GANZHEIT

Wenn du diese Informationsübertragung noch unterstützen möchtest, so stell dir mit geschlossenen Augen vor, wie ab jetzt sämtliche Hinweise, die du im Alltag für stimmige Entscheidungen und deinen richtigen Weg benötigst, quasi wie elektrische Impulse von deinem Energiefeld in deinen Körper wandern. Dort werden sie ab jetzt stimmige Gedanken und wegweisende Gefühle zum anstehenden Thema erzeugen.

Initiiere bewusst, dass alle Informationen deiner feinstofflichen Energie permanent in dein Herz einfließen. Denn dieses Organ ist dafür da, dir in jeder Situation eventuelle Unstimmigkeiten aufzuzeigen. Unstimmigkeit bedeutet nichts anderes als eine Differenz zwischen deinem äußeren Handeln und deiner inneren Dimension.

Verweile so lange in dieser Vorstellung, bis die Impulse von selbst entstehen und weiter in dich hinein fließen. Anschließend kannst du dich der Klärung und dem Ordnen deines Energiefeldes widmen.

Zusammenfassung

1. Fühle in deinen Energiekörper hinein und orte diesen in Bezug zu deinem physischen Körper.
2. Visualisiere den „Ankerpunkt" im Zentrum deines Energiekörpers.
3. Verschiebe dein feinstoffliches Wesen mithilfe dieses Ankerpunktes zentral in deinen physischen Körper hinein.
4. Verbinde durch eine einfache Anweisung dein inneres Wesen mit deinem Körper.
5. Beobachte, wie die Informationen deines Seelenwesens in dich fließen und sich dort ausdehnen.

Mit dieser Verankerung hast du nun die Voraussetzung dafür geschaffen, dein Energiefeld im nächsten Schritt effektiv bereinigen zu können. Du hast jetzt wieder Zugriff auf dein Selbst, allerdings noch nicht ganz vollständig ...

Bestimmt fühlst du dich nach diesem Einpassen deines eigenen Wesens jetzt schon etwas voller bzw. „erfüllter". Dein Gefäß Körper ist nun wieder mit Inhalt gefüllt und das schafft Lebendigkeit. Die Energien deines Lebens können sich wieder entsprechend deiner Seele bewegen, wandeln und Form annehmen.

Zu einer wirklich stimmigen Fähigkeit der Entscheidungsfindung ist es jedoch nicht nur wichtig, einen funktionierenden Kanal zu schaffen, sondern auch, einen bereinigten Energiekörper sicherzustellen.

Schritt 2:
Entfernen von Fremdenergien

Ist dein eigenes Energiefeld nicht geklärt, so trägst du mitunter nicht nur deine eigenen Energieteilchen, sondern auch Fremdanteile mit dir herum. Das liegt daran, dass du in vielerlei Situationen – unbewusst und quasi aus Versehen – Energien abgibst, aufnimmst oder austauschst. Dabei verwässert sich jedoch dein ursprünglich intaktes Feld und dessen energetische Aussage immer mehr, das in seiner reinen Form immer automatisch diejenigen Dinge, Menschen oder Situationen anziehen würde, die zu dir passen und sich wunderbar stimmig anfühlen würden.

Zum einen geschieht das immer wieder ganz unbewusst durch – zu uns verschiedene – Gefühlswelten und Gedankenstrukturen von Eltern, Lehrern, Freunden, Geliebten, die uns im Laufe unseres Lebens übertragen wurden. Wir haben dies nicht bemerkt. Besonders von Menschen, zu denen wir aufsehen und die wir lieben, übernehmen wir allzu oft ungefiltert Gedanken, Gefühle und allerlei nicht sehr nützliche Informationen in unser Energiefeld. Da wir nicht nur durch Aufnahme von Wissen lernen, sondern auch durch Beobachtung der Eigenheiten und Energiestrukturen anderer Menschen, fließt im Laufe der Zeit immer mehr Wesensfremdes in uns hinein. Manchmal waren es kleinere, manchmal größere Eigenheiten deiner selbst, die du verdrängt hast. Oft genügten schon kleine Gesten oder Aussagen der dich umgebenden Menschen, um dich auf den Gedanken zu bringen, dass etwas an dir nicht genügen oder passen könnte, und schon versuchst du, Anteile deines Wesens abzuspalten.

„Ich weiß schon gar nicht mehr, wer ich eigentlich bin" – vielleicht kennst du diesen Gedanken, weil du zu lange einer Tätigkeit oder einer Beziehung nachgegangen bist, die im Grunde nicht deinem Wesen entspricht. Und wenn etwas nicht deinem eigentlichen Wesen entspricht, dann müssen zwangsweise eigene Anteile durch fremde ersetzt werden, damit man die Angelegenheit überhaupt durchziehen kann. Die Folge davon ist, dass du nach und nach Aspekte deines eigenen Wesens aus deinem Feld verdrängt hast, was jedoch dazu führt, dass du dich selbst immer weniger spüren kannst.

Doch wieso lassen wir das zu? Ganz einfach: Unser sehnlichster Wunsch ist es, zu dieser Welt, in die wir hineingeboren wurden, dazuzugehören und das auch spüren zu können. Wir möchten ein Teil von allem sein und unsere Wichtigkeit bestätigt bekommen von anderen Menschen. Wir möchten ihnen gefallen, geliebt und wertgeschätzt werden. So passen wir uns an und sind in den meisten Fällen auch stolz darauf. Irgendwann früher oder später im Leben haben wir den Eindruck, das Leben sei so, wie es uns nahestehende Personen vermitteln. Wir denken, die Dinge müssten halt so sein.

Das hat leider fatale Folgen für unsere innere Ganzheit und damit mittel- und langfristig für unsere natürliche Zufriedenheit und unser Glücklichsein. Denn aufgrund dieses Mechanismus gleichen wir unser eigentliches wunderbares Inneres permanent mit den erlernten Inhalten ab und versuchen zu entfernen, was nicht dazu zu passen scheint.

Keine Frage, wir können uns natürlich weltliches Wissen durch andere Menschen aneignen, doch sollten wir dabei möglichst keine Gefühlsstrukturen aufnehmen. Das soll bedeuten, wir können wunderbar von anderen lernen und müssen das Rad nicht ständig neu erfinden, doch sollte dieses Wissen stets über den eigenen Kanal erlernt werden! Erst dann entsteht auch ein wahres Verständnis im eigenen Inneren, und zugleich – das ist das Wichtige – bleibt das eigene Energiefeld intakt. Und erst hierdurch sind wir in der Lage, etwa Erlerntes vielleicht ganz anders, ungewöhnlich und höchst kreativ zu kombinieren und damit Neues in die Welt zu bringen.

Warum hören wir uns gerne von verschiedenen Lehrern die immer wieder ähnlichen inspirierenden Inhalte an? Weil es uns viel mehr um das Wesen des Menschen geht, als um die Sache selbst! Ein und dieselbe Sache kann dich bei der einen Person absolut langweilen, bei einer anderen wiederum wahnsinnig faszinieren. Es kommt also stets darauf an, wie wir mit den Menschen in Resonanz gehen. Und in Resonanz gehen wir besonders dann, wenn wir spüren, dass ein anderer aus seiner inneren Ganzheit heraus lebt und handelt!

◉ *TEIL 1: SCHAFFE INNERE GANZHEIT*

Besonders Menschen, die einen ungewöhnlichen oder ganz andersartigen Auftrag in dieser Welt haben, trennen zu Beginn ihres Lebens oft große Teile von sich selbst ab, um irgendwie dazuzugehören und möglichst nicht aufzufallen. Das sind Menschen, die vielleicht besonders feinfühlig sind und aufgrund ihrer oft schmerzlichen Erfahrungen mit Eltern, Schule, Freunden, Partnern usw. glauben, mit Feinfühligkeit in dieser Welt nicht viel erreichen zu können. Oder auch diejenigen von uns, die ganz offensichtlich von anderen Dingen angezogen sind als ihre Mitmenschen. Die sich anders geben, anders sind oder anders denken. Und dabei gelernt haben, dass ein solches „Anderssein" von vielen Menschen aus Furcht erst einmal abgelehnt wird.

Niemand hat uns beigebracht, dass es völlig „in Ordnung" ist, ganz eigen und anders zu sein. Wirklich in stimmiger Ordnung ist es aber eben nur dann, wenn man in seiner eigenen Ganzheit und vollkommen stimmig „anders" ist! Und die eigentliche Frage dabei ist: Wer würde sich in seinem Innern nicht als einer dieser „Andersartigen" beschreiben?

Wenn wir ganz ehrlich sind,
fühlen wir uns alle „anders" als die anderen.
Würden wir das zugeben, so könnten wir
uns gegenseitig erkennen und wieder verbunden fühlen.

Doch nehmen wir nicht nur unbewusst von anderen Energien bzw. Informationen auf. Es gibt auch genügend Gelegenheiten und Momente, in denen wir ganz bewusst versuchen, etwas vermeintlich Wertvolles von anderen zu „übernehmen". Anstatt von ihrem Tun einfach nur inspiriert zu sein, versuchen wir dann, Aspekte anderer Menschen, die wir vielleicht

5 SCHRITTE ZUM VOLLSTÄNDIGEN SEELENCODE

bewundern, in uns selbst einzubauen. Dabei vergessen wir, dass deren Impulse lediglich ein „Schubs" für das Aufblühen der Sehnsucht unserer eigenen Seele sein sollten. Das ist dann in etwa so, als würde man versuchen, ein stimmiges Bild aus der einen Hälfte des einen Puzzles und der anderen Hälfte eines anderen Puzzles zusammenzufügen.

Bei bewundernden Gedanken, dass „der andere besser ist", sind wir oft sehr schnell darin, unser ganz Eigenes aus uns hinauszuwerfen, um dafür fremde Strukturen einzufügen. In diesem Augenblick fehlt uns leider noch die Einsicht, dass es nur die eigenen Teilchen sind, die uns tatsächlich dorthin führen, wo wir uns selbst als wirklich vollständig und damit glücklich fühlen können.

Nehmen wir das Beispiel Partnerschaft. Wir tun uns nichts Gutes damit, wenn wir auf energetischer Ebene Anteile des Partners übernehmen, um uns dadurch vermeintlich näher zu fühlen. Durch die Spiegelung der Energiestruktur des anderen möchte wir im Grund oft nur zeigen: „Ich bin genauso wie du" – und hoffen so auf mehr gemeinsame Tiefe. Doch leider führt das nur dazu, dass dein Partner dich weniger intensiv als „pures Du", ein sich selbst bewusstes, strahlendes Wesen, wahrnehmen kann und wahrscheinlich früher oder später ein immer geringeres Interesse zeigt, da er sich auf diese Weise zwangsläufig immer weniger stark von dir angezogen fühlen wird. Das Spiel der gegenseitigen Enttäuschungen ist die fast schon logische Folge.

Nur deine wesenseigenen Energieteilchen
kannst du wirksam erstrahlen lassen.

Ganz allgemein verlierst du stark an Anziehungskraft in allen Bereichen deines Lebens, wenn du dein Feld nicht reinigst, da man dich weniger intensiv wahrnehmen wird. Denn ausschließlich deine eigenen Energieteilchen kannst du ernsthaft erstrahlen lassen! Alle Fremdanteile hingegen erscheinen und wirken eher dumpf für alle Beteiligten. Sogar du selbst wirst dir in diesem Zustand vermehrt die „Wer bin ich eigentlich"-Frage stellen, da deine Selbstwahrnehmung getrübt ist.

Auch jegliche Art von Entscheidungsfindung fällt zunehmend schwer, wenn wir zu viele Fremdanteile in uns tragen. Als „wer" soll ich mich denn auch entscheiden? Im Sinne der eigenen oder der anderen Energien? So kann es sein, dass du dich eher als jemand anderes entscheidest, als nach deinen eigenen Anteilen. Und oft fällt dir dies erst viele Jahre später auf. Wenn du vielleicht erkennst, dass du lange Zeit nach den Vorstellungen und Werten deiner Eltern, Lehrer oder Partner gelebt und dein Leben dadurch in eine Richtung gelenkt hast, die du irgendwann als nicht zu dir gehörig erkennst.

> *Als wer willst du dich entscheiden,*
> *wenn du nicht nur dein eigenes „Seelen-Programm" in dir trägst,*
> *sondern zusätzlich auch fremdes?*

Reinigst du dich hingegen von all diesen Aspekten, die du vielleicht unwissend in dich eingefügt hast, so gewinnst du deine wesenseigene Strahlkraft zurück, da du dabei alle verfälschenden oder gar deiner eigenen Lebensintention gegensätzliche Aspekte aus dir entlässt.

Werde dir deiner ursprünglichen Vollständigkeit wieder bewusst, die du als Seele zum Erkennen deines intuitiven Weges benötigst. Auch wenn du die einzelnen Teilchen vielleicht noch nicht strukturiert geordnet hast. Vertraue darauf, dass dein Eigenes ein Ganzes ergibt, sobald du es lässt. Dafür solltest du erst einmal alles entfernen, was nicht zu dir gehört, damit du endlich wieder Platz hast für das, was wirklich deines ist!

5 SCHRITTE ZUM VOLLSTÄNDIGEN SEELENCODE

Übung:
So entfernst du Fremdenergien aus dir

Durch das Platzieren deines Ankerpunktes hast du bereits gute Voraussetzungen dafür geschaffen, mit deinem Energiefeld in Kontakt zu treten. Nun kannst du damit beginnen, dieses in seinen Details zu betrachten.

In diesem Schritt geht es nun darum, die Fremdanteile, die du über die Zeit hinweg in dein Feld hineingelassen und integriert hast, zu lokalisieren, um sie anschließend wieder an ihren eigenen Ursprung zurückzuschicken. Erst dann kannst du deine eigenen Energieteilchen wieder an ihren ursprünglichen Platz einsetzen, damit du „ganz als du selbst" durch diese Welt gehen kannst. Die Fremdteilchen können ganz individuell und sehr unterschiedlich wahrgenommen werden.

Beginne zunächst damit, Bereiche in deinem Energiefeld zu erspüren, die sich vielleicht ein wenig fremdartig oder nicht dir zugehörig anfühlen. Vielleicht fällt es dir aber auch leichter, dunklere und hellere Bereiche deines Feldes zu unterscheiden. Definiere für dich, in welcher Farbgebung sich dir verschiedene Energien deines Feldes zeigen, zum Beispiel dunkel für Fremdenergien, hell für eigene Energien.

Lokalisiere alle Bereiche deines Energiefeldes, die sich nicht zu dir gehörig anfühlen.

Spüre in dich und wähle ein „Erkennungssystem", das dir sympathisch ist. Ich persönlich nehme Bereiche wesenseigener Energie als feinfühlig, lieblich, verbindend, hell und dem Träger der Energie, also dem betreffenden Menschen, zugewandt wahr. Fremdenergien eher kühl, starr, unverbunden, etwas dunkler und nicht nach innen, sondern nach außen orientiert. Von Bedeutung ist lediglich, dass du mit der Zeit lernst, immer deutlicher einen Unterschied zu erkennen. Dann wirst du auch die Energiemuster der dich umgebenden Dinge, Menschen oder Geschehnisse viel besser lesen lernen können. Es beginnt also, wie immer, bei dir.

Selbst wenn du die Bereiche in deinem Energiefeld noch nicht in aller Deutlichkeit erkennen kannst, ist es wichtig, einfach damit zu beginnen, damit sich deine Wahrnehmung allmählich schärfen kann. Vertraue dir.

Nachdem du also den für dich stimmigsten Weg gefunden hast, die Fremdanteile in dir zu erkennen, lokalisierst du nach und nach alle Stellen dieser nicht zu dir gehörenden Energien. Stell dir vor, wie du dein Energiefeld scannst und die Teile entdeckst, die sich etwas fremdartig anfühlen.

Wenn du das Gefühl hast, dass du alle Bereiche entdeckt hast, in denen sich Fremdanteile befinden, gibst du entschlossen die Anweisung: „Alle Energien, die nicht ursprünglich zu mir gehören, gehen jetzt zurück zu ihrem Ursprung."

Nun beobachte in aller Ruhe, wie sich dein Energiefeld immer mehr lichtet. Die nicht dir zugehörigen Elemente scheinen wie von dir wegzustreben, wobei du deren Richtung und Ursprungsort nicht kennen musst. Dies herauszufinden, wäre abermals nur der Wunsch nach bedeutsamen Geschichten. Es ist nicht notwendig für deine Reinigung.

Es mag sein, dass dir bei dieser Ablösung Gedanken in den Kopf kommen, du Bilder von den Menschen oder anderen Lebensumständen siehst, zu denen diese Energien zurückkehren, aber all das bringt dich nur aus dir heraus. Manches Mal wird dir vielleicht auffallen, dass es Fremdenergiebereiche gibt, die du nur sehr ungern von dir entfernen möchtest. Dies geschieht, wenn du während dieses Ablösungsprozesses bereits spürst, wozu diese Energien wohl gehören, und in dir möglicherweise die leise Angst aufsteigt, diese Sache könnte sich dann auch in physischer Form von dir lösen wollen. Denn je mehr wir eine Sache „wollen" und dabei im Grunde spüren, dass sie sich feinstofflich nicht so recht zu unserer eigenen Energie fügen lässt – und das spürst du mehr oder weniger bereits immer –, so versuchen wir aus unserer Unbewusstheit heraus durch Spiegelung, deren Energiestrukturen bei uns zu halten oder zu uns zu ziehen. Dies wird jedoch niemals erfüllend funktionieren.

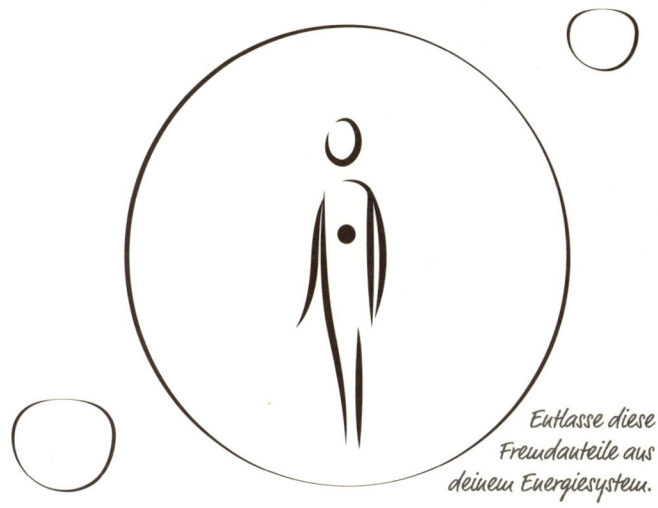

Entlasse diese Fremdanteile aus deinem Energiesystem.

TEIL 1: SCHAFFE INNERE GANZHEIT

Lass also in dem Gedanken los, dass die wahrhaft zufriedenstellenden Dinge erst dann zu dir fließen können, wenn dein inneres Programm, ohne störendes Rauschen, ganz deine eigene Geschichte abbilden kann.

Nimm einfach nur wahr, wie sich dein Inneres mit jedem Lösen eines Teiles leichter und echter anfühlt. Und achte darauf, während dieses Vorgangs dein Wahrnehmungszentrum in deinem Körperzentrum zu behalten.

Es kann durchaus eine Weile dauern, bis du alles aus deinem Feld gelöst hast, das du zuvor lokalisieren konntest. In manchen Fällen, und besonders wenn du es das erste Mal ausprobierst, kann es sein, dass du wiederholt die Anweisung „Alle Energien die nicht ursprünglich zu mir gehören, zurück zu ihrem Ursprung" geben musst, bevor sich auch wirklich alle Fremdanteile entfernen lassen.

In vielen Fällen geht die Ablösung dieser nicht zu dir gehörenden Anteile mit einem sehr wohligen, befreienden Gefühl einher; manchmal können aber auch unangenehme Gefühle dabei sein. Das muss dich jedoch nicht beunruhigen. Oft ist das einfach deshalb der Fall, weil man es so lange gewohnt war, diese fremden Aspekte in sich zu tragen. Und dies hat dir eine Weile vielleicht auch die Sicherheit des „Angefülltseins" gegeben. Es ist dann beinahe so, als hättest du versucht, noch weitere Personen in dir zu tragen, um dich nicht plötzlich einsam zu fühlen oder vielleicht dich selbst unangenehm deutlich spüren zu müssen.

Ich kann dir aber versprechen, dass es eine der schönsten Erfahrungen ist, sich selbst vollständig und als Ganzes zu erfühlen und sich erstmals pur erkennen zu dürfen. Und vor allem anschließend in der äußeren „Realität" als positives Resultat beobachten zu können, wie auch alle anderen Menschen es tatsächlich wahrnehmen können, wenn du deine Energie wieder vervollständigt hast.

> ## Zusammenfassung
>
> 1. Scanne deinen gesamten Energiekörper.
> 2. Finde dein eigenes System, um Fremdenergiebereiche in deinem feinstofflichen Feld fühlend zu erkennen.
> 3. Orte alle Bereiche, die mit Energien gefüllt sind, die nicht ursprünglich zu dir gehören.
> 4. Sende diese mit der Anweisung: „Alle Energien, die nicht ursprünglich zu mir gehören, zurück zu ihrem Ursprung" aus deinem Wesen.
> 5. Beobachte, wie sich diese Energie vollständig von dir weg bewegt.
> 6. Wiederhole den Vorgang, bis alles von dir gelöst ist.

Über die Zeit hinweg wirst du immer diffiziler und feinsinniger alles erspüren können, das nicht wirklich zu dir passt. Sowohl im Innen als auch im Außen. Denn auch wenn diese Übung erst einmal für dein persönliches feinstoffliches Feld wirkt, erlernst du parallel dazu die Fähigkeit, auch in allen anderen Wesen die innere Stimmigkeit verstärkt erkennen zu können. Mehr und mehr werden dir, durch regelmäßige Übung, die Menschen ins Auge fallen, die sehr wenig ihrer ursprünglichen Energie ausstrahlen. Doch vor allem auch diejenigen, die sich zu einem Großteil selbst in sich tragen. Und von dieser authentischen Ausstrahlung wirst du dich bewusst angezogen fühlen. Besonders dann, wenn du ebenfalls gelernt hast, deine feinstofflich eigenen Teilchen stimmig in dich einzufügen, und darauf achtest, diese auch in dir zu behalten.

Schritt 3:
Zusammenführen eigener Energieteilchen

Unser aller Wunsch ist es, in möglichst *allen* Aspekten unseres Lebens eine angenehme und wohltuende äußere Entsprechung zu erschaffen. Ganz gleich, ob es sich nun um Liebe oder Partnerschaft, Beruf, Erfolg, Geld oder Freunde handelt. Bevor du diese äußere Entsprechung jedoch finden kannst, ist es wichtig zu wissen, nach welcher Blaupause deines Energiekörpers du überhaupt entscheiden kannst, was stimmig zu dir passt. Diese Blaupause entsteht durch die Vervollständigung deines feinstofflichen Feldes. Wenn du dir keine grundlegende Entscheidungsbasis schaffst, kannst du nur durch Versuch und Irrtum an ein gefühlsmäßig stabiles Ziel gelangen. Wenn du auf die passende Blaupause deines Energiekörpers zugreifst, bedeutet das, dass du zu Umständen, Situationen und Menschen geführt wirst, die dir dauerhaft ein Gefühl von Stimmigkeit geben und die du nicht nach kurzer Zeit wieder als unpassend empfinden und deshalb verlassen musst.

Den ersten wichtigen Schritt hast du nun bereits gemacht, indem du dasjenige aus deiner inneren Basis entfernt hast, was dich daran gehindert hat, wirklich vollständig als Du in dieser Welt handeln zu können: die wesensfremden Anteile.

Mit dem folgenden Schritt wollen wir dich wieder sinnvoll anfüllen, und zwar mit all dem, was du über die Jahre hinweg aus deinem eigenen System geworfen hast. Weil du es vielleicht als ungenügend, nicht gesellschaftsfähig oder als zu auffällig anders in einer ansonsten genormten Gesellschaft betrachtet hast. Der typische Verhaltenskodex lehrt uns, viel eher so zu werden, wie alle anderen sind. Für jeden Berufsstand existieren Grundregeln, wie man passenderweise zu sein hat. So beobachtet man diese Regeln Monate und Jahre und adaptiert sie, um ein Teil davon zu werden.

Doch im Grunde ist das Gegenteil der Fall. Wenn du beginnst, ganz derjenige zu sein, der du wirklich bist, öffnen sich eben erst genau die Orte, an die du wunderbar passt und wo du dich wohlfühlst. Wo bereits Menschen sind wie du und du dich nicht erst anpassen musst, um mit anderen eine Gemeinschaft bilden zu können.

*Erst wenn du ganz du selbst bist,
erscheint die Stelle, an der du dich perfekt einfügen kannst.*

Werde dir also noch mal bewusst: Ganz egal, wer dein Vorbild, Lehrer oder Mentor ist oder welche äußeren Wegweiser du beständig achtest und schätzt – diejenigen, denen du gerne folgst, weil sie scheinbar etwas vom Leben verstanden haben, besitzen vor allem Achtung und Wertschätzung für sich selbst. Erkenne an diesen Vorbildern, dass die einzige Verantwortung, die du wirklich übernehmen kannst, diejenige für dich selbst ist!

Alles andere folgt dann zwangsläufig und wie von alleine. Wenn du wirklich auf dich hörst, hineinspürst in deine innerste Wahrhaftigkeit, dich gut um dich kümmerst und dich in einem reinen, aufrichtigen und nur mit deinen eigenen Teilen angefüllten Zustand bewahrst. Wenn du ganz bei dir bist, wirst du dich stets für ein leichtes Leben entscheiden. Und gegen äußeres Drama. Wenn du auf dich achtest und dich angefüllt hast mit dem was wirklich du bist, wirst du niemanden verletzen wollen. Denn wenn du dich tatsächlich erst einmal um dich selbst gekümmert hast, bist du so erfüllt von dir selbst, dass es dir ein Leichtes sein wird, davon mehr und mehr in deine Welt zu geben.

◐ *TEIL 1: SCHAFFE INNERE GANZHEIT*

Denk einmal daran, wie du dich fühlst, wenn du eine schwere Aufgabe beendet hast: Die Leichtigkeit überwältigt dich so sehr, dass du alle nur beschenken möchtest. Aus purer Erleichterung und innerem Frieden heraus. Solange du dich nicht damit beschäftigt hast, sie zu lösen, bist du dagegen selbst die schwere Aufgabe. Dabei ist es nicht einmal Arbeit, was du tun musst, sondern es reicht im Grunde lediglich der Mut, dich selbst im Ganzen anzusehen, in allen deinen ursprünglichen Facetten.

Hol dir dein ursprüngliches Gefühl zu dir selbst zurück, indem du deine verdrängten Teile wieder stimmig einsetzt und in dich integrierst, sodass sie wieder ein Teil von dir werden dürfen. Erst auf diese Weise erhalten auch die Dinge, die du tust, wieder Seele.

*Es ist beinahe so,
als hättest du nur für einen Augenblick vergessen,
dass du schon ganz warst.*

Versetz dich für einen Moment in das reine, wunderbare Wesen hinein, das du als Kind in dir spüren konntest. Als du noch nicht so viel an dir verändert hattest, um dazuzugehören. Wie fühlte es sich damals an, du zu sein? Hattest du da schon das Gefühl anders sein zu wollen? Es ist nicht wichtig, welche Beziehung du heute zu diesem kindlichen Gefühl hast, es beinhaltet deinen Ursprung und ist nichts, das verändert werden müsste, sondern vielmehr wiederhergestellt werden sollte. Es geht hier nicht um ein kindlich naives Gefühl, sondern eine Ausstrahlung, die andere erkennen lässt, wer du wirklich bist.

Dabei bist du wie ein Planet, der Anziehungskraft auf seine eigenen Materieteilchen besitzt, damit diese um sein Zentrum herum platziert bleiben. Du selbst besitzt unglaubliche Anzie-

5 SCHRITTE ZUM VOLLSTÄNDIGEN SEELENCODE

hungskraft auf alle Elemente, die stimmig zu dir passen und zu dir gehören. Darunter auch deine ganz eigenen Energieteilchen. Setz also all diese zu dir gehörenden feinstofflichen Aspekte wieder in dein Energiefeld ein. Da du dich bereits von dem gelöst hast, was nicht ursprünglich zu dir gehört, hast du bereits allen Platz wieder frei gemacht, um die wirklich stimmigen Teilchen darin einzusetzen, indem du sie dir wieder zurückholst.

Diese Übung hat dabei ganz praktische Wirkung. Nämliche größere Entscheidungsfreudigkeit. Wiederholst du die Übungen regelmäßig, wirst du schnell merken, dass du deine Energie immer konstanter bei dir behältst und weniger Fremdes in dir Platz nehmen lässt. Ebenso wirst du sehr viel feinfühliger beobachten können, wie schnell du mithilfe deines Energiefeldes wieder versuchst, dich anderen anzugleichen oder Dinge zu adaptieren.

Übung:
So führst du deine Energieteilchen zusammen

Im vorangegangenen Schritt hast du dein Energiefeld von allem gelöst, was nicht stimmig zu dir gehörte. Du hast also wieder Raum für das geschaffen, was dir tatsächlich entspricht, deiner wesenseigenen Energie. Es geht nun darum, Energien, die zu dir gehören, jedoch momentan aus welchem Grund auch immer nicht bei dir sind, wieder zurückzuholen – und zwar vollständig!

Nimm nun noch einmal ganz bewusst die Stellen deines Energiekörpers wahr, die sich etwas ausgedünnt oder gar leblos oder leer anfühlen oder aussehen. Wie vorher beim Entfer-

TEIL 1: SCHAFFE INNERE GANZHEIT

nen der Fremdanteile scannst du dein gesamtes Feld auf diese „leeren" Bereiche ab, um zu erkennen, wo du dich auffüllen solltest, damit du energetisch vollständig bist.

Sobald du nach dem Scannen das Gefühl hast, alle Leerbereiche in deinem Energiefeld entdeckt zu haben, aktivierst du ganz bewusst deine Anziehungskraft auf die fehlenden Teilchen, indem du die Anweisung gibst: „Alle Energieteilchen, die ursprünglich zu mir gehören, zurück an ihren Ursprung."

Beobachte nun, wie sich alle vorher leblos anfühlenden Bereiche deines Wesens allmählich wieder mit deinen eigenen Teilchen auffüllen. Unterstützend kannst du fühlen oder dir einfach vorstellen, wie deine gesamte wesenseigene Energie ringsum um deinen Körper auf dich zufließt und sich ganz selbstverständlich wieder an der richtigen Stelle deines Energiekörpers einsetzt. Deine Teilchen wissen genau, wo sie hingehören.

Auch hierbei musst du nicht wissen, worum es sich bei diesen Fragmenten deines Wesens handelt, welche Aspekte deines Selbst also gerade wieder integriert werden. Womöglich kommen dir auch jetzt wieder Gedanken, Momente oder Situationen in den Sinn oder bestimmte Gefühle steigen in dir auf. Doch ebenso wie zuvor darf alles da sein und gefühlt werden, was eben sein soll. Von Bedeutung ist nur, dich in diesem Augenblick zu vervollständigen, sodass du wieder als dein ganzes Ich in deiner Welt agieren kannst.

Wiederhole diesen Vorgang, bis du das Gefühl hast, siehst oder auf andere Weise wahrnimmst, dass dein Energiefeld wieder vollständig aufgefüllt ist. Wahrscheinlich fällt dir, während du das geschehen lässt, bereits auf, dass es dir schon viel leichter gelingt, dich selbst wahrzunehmen. Dein Energiefeld mag dir zum Beispiel sehr viel voller, klarer und eindeutiger erscheinen, dein Denken wird eindeutiger und damit leicht.

5 SCHRITTE ZUM VOLLSTÄNDIGEN SEELENCODE

Um dieses Integrieren abzuschließen, ist jetzt nur noch ein letzter Schritt notwendig, nämlich die Verbindung der einzelnen Teilchen deines Feldes untereinander. Erst dann wird aus den Einzelteilen ein Ganzes. Und erst, wenn man einzelne, vermeintlich voneinander getrennte Dinge als ein Ganzes betrachtet, wirken sie auch nach außen hin ganz. Du wirst das an den Reaktionen deiner Umwelt spüren können.

Gib dazu eine erneute Anweisung: „Die Einzelteile meines Energiewesens zu einem Ganzen verbinden." Die Formulierungen müssen dabei natürlich nicht wortgetreu sein, es geht um die Intention, die dahinter steckt.

Beobachte oder visualisiere nun, wie sich die integrierten Teile oder Bereiche deines Wesens zu einer Gesamtheit formieren und ineinanderfließen. Du kannst dir das wie eine Art Flüssigkeit oder Nebel vorstellen, der sich spielerisch leicht auf eine perfekte Weise vermischt und letztendlich eine homogene Struktur oder Masse bildet, die wunderschön gleichmäßig, fließend und ausgewogen anmutet.

Zusammenfassung

1. Scanne deinen Energiekörper.
2. Orte alle Bereiche, an denen dein Energiekörper unvollständig ist.
3. Gib die Anweisung: „Alle Energieteilchen, die ursprünglich zu mir gehören, zurück an ihren Ursprung."
4. Beobachte, wie sich deine wesenseigenen Energien zu dir hin bewegen und sich stimmig in dir einfügen.
5. Gib die Anweisung: „Die Einzelteile meines Energiewesens zu einem Ganzen verbinden."
6. Beobachte, wie sich aus deinen Einzelteilen ein homogenes Energiefeld formiert.

TEIL 1: SCHAFFE INNERE GANZHEIT

Nachdem eine Aufgabe beendet ist, hat sie in sich selbst stets den Wunsch, freigelassen zu werden, um endlich nach außen wirken zu können. Nachdem du dich nun in dir selbst bereinigt, vervollständigt und ganz gemacht hast, ist es an der Zeit, dich nach außen zu wenden und diese Ausstrahlung ihre Wirkung entfalten zu lassen.

Schritt 4:
Expansion deines Seelencodes

Der Wunsch nach Zugehörigkeit ist bei allen Menschen überaus mächtig. Denn erst das Empfinden von Verbundenheit mit dem, was uns umgibt, lässt uns wahre Sicherheit empfinden und endlich einmal loslassen vom ständigen Suchen nach Erfüllung. Zugehörigkeit ist das Lebensgefühl, das wir uns so sehr wünschen!

Nur durch tiefe Verbundenheit gewinnen wir Vertrauen in den Lauf des Lebens und aller Dinge und fühlen uns gut positioniert und verankert in der eigenen Welt. Doch was steckt eigentlich hinter diesem Gefühl der Verbundenheit? Und wodurch kann wahre Verbundenheit erzeugt werden, die nicht abhängig ist von unsicheren äußeren Umständen und Gründen, sondern eine stabile innere Ursache in dir selbst hat?

In erster Linie erkennen und empfinden wir uns als Einzelwesen, die in die Welt hinaustreten können, um sich mit anderen Menschen in Beziehungen zu begeben. Dabei sehen wir uns selbst oft unbewusst als eine Art Festung, die allen äußeren Widerständen standhalten sollte und nur die Menschen hineinlässt, die wir auserkoren haben, in unser Heiligtum einzutreten zu dürfen. Wenn du dich selbst und andere genauer beobachtest, fällt dir vielleicht auf, wie viele Menschen in gewisser Weise stolz darauf sind, dass sie von anderen nicht als das Wesen erkannt werden, das sie wirklich sind.

„Du kennst mich doch gar nicht!" – so rechtfertigen wir uns ab und an innerlich auf vermeintliche Anschuldigungen hin und fühlen uns gleich weniger verletzbar in dieser Schutzhaltung. Prüfe einmal dein eigenes Spüren in dieser Angelegenheit. Fühlst du dich auch sicherer und stärker gegenüber anderen, wenn du ihnen nur einen Teil deines Selbst preisgibst?

Wenn wir unser Leben auf diese Weise führen, erschaffen wir zwei verschiedene Welten, die sich nicht entsprechen können. Wir wollen Harmonie und Einheit, und doch erschaffen wir Gegensätze und Trennung. Zum einen existiert dann unsere innere Welt, voller Gefühle, Wünsche und Sehnsüchte, die immer wiederkehrend in uns kreisen. Um die wir uns „Gedanken machen" und die uns weiter Traumschlösser erschaffen lassen. Zum anderen erzeugen wir eine getrennt von uns selbst stattfindende äußere Welt, die wir an unserer inneren Signatur, also unserer wesenseigenen Energie, nicht so ganz teilhaben lassen. Nur bruchstückhaft geben wir Information an die Außenwelt heraus und senden entsprechend bruchstückhafte Gefühle und Energiewellen nach draußen. Denn wir wollen ja nicht aus unserer vermeintlich sicheren Schutzhaltung heraustreten und womöglich für das bloßgestellt werden, was wir in Wahrheit sind! Wir gehen also auf Nummer sicher und selektieren ständig aus. Unsere energetische Ausstrahlung lassen wir leider oftmals nur unter strengster Kontrolle nach außen fließen.

Je größer aber die Kluft zwischen diesen beiden Welten wird, umso unwohler wirst du dich in deiner eigenen Haut fühlen. Du unterteilst dich ständig unbewusst in einen inneren Energiekreislauf und einen äußeren. Das führt dazu, dass du eine „Persönlichkeit" hast und ein „Ich" bist. Wenn wir sagen „Ich persönlich", also das Wesen in Form einer Person, ist das vereinfacht gesagt der Teil, der vom *Ich* noch in die *Person* gespiegelt wird. Den wir also offen zeigen und aussenden.

Dabei könnte man das „Ich" als deine Anteile vom Ganzen, vom Ursprung bezeichnen. Du kannst es ganz einfach überprüfen, indem du sagst: „ich". Was geschieht? Deine Aufmerksamkeit springt automatisch nach innen.

Dein Name ist dabei die Überschrift für die Eigenschaften, Fähigkeiten und Eigenheiten, die du nach außen sichtbar als deine *Person* versammelst. Sobald du nur deinen Namen aussprichst, wandert deine Aufmerksamkeit aus dir heraus und blickt dich von außen an.

Bei all dem vergessen wir, dass unsere ganz eigene Energie der einzig wahrhaftige und sinnstiftende Kommunikationsweg mit der Außenwelt ist und letztendlich derjenige, der zum Erfolg führt. Wenn du das verstanden hast, färbst du deine Welt immer in deinen eigenen Farben; wenn du eine rosarote Stimmung in dir trägst, begegnet sie dir von außen wieder. Ganz zuverlässig. Und zwar nicht nur dann, wenn du verliebt bist und die ganze Welt zurückstrahlt! Sondern einfach, wann immer du willst.

Dabei gibt es vereinzelt Ausnahmen. Wenn du etwa in einer Verliebtheitsphase steckst, ist es dir endlich einmal egal, wie du auf andere Menschen wirkst. Doch nur, weil du ein bestimmtes, tief wohlwollendes Gefühl in dir trägst, das eigentlich mit etwas ganz anderem zu tun hat, soll sich deine ganze Welt plötzlich verändert anfühlen? Ja – du hast auf einmal mehr Kraft, Energie und Hingabefähigkeit auch für alle anderen Situationen als zuvor. Aber was wäre, wenn diese

Kraft bereits vorher in dir gewesen ist? Und nur deine innere Gefühlskonstellation die Fähigkeit hat, sie freizugeben? Denn dies ist kein Ausnahmephänomen und passiert dir tagtäglich. Jeden Moment. Nur dass es dir in unserem Beispiel der Verliebtheit so deutlich wie in kaum einem anderen Moment auffallen mag.

> *Die Energiekonstellation, die du aussendest,*
> *verändert deine Welt,*
> *und zwar immer, in jedem Moment.*

Und je mehr du die Verantwortung für ein bewusstes Aussenden deiner energetischen Informationen übernimmst, umso klarer erhältst du Antworten und Reaktionen. Einfach alles wendet sich dir zu.

Dabei kommt es stets darauf an, *wie* du diese Energiekonstellation aussendest. Ähnlich wie Kinder oder auch Tiere spiegelt die Welt den Grad deiner eigenen Entschlossenheit, ein bestimmtes Lebensgefühl aufrechtzuerhalten.

Ich kann mich noch gut daran erinnern, wie ich als Kind zusammen mit einer Freundin Reitunterricht nahm. Während jeder dieser Unterrichtsstunden wunderte ich mich unglaublich, dass das Pferd meiner Freundin stets das zu tun schien, was sie ihm vorgab, während ich tun und machen konnte, was ich wollte, mein Pferd dachte nicht im Entferntesten daran, mir zu folgen. Irgendwann beobachtete ich meine Freundin genauer. Sie schien wahre Freude und Hingabe für diese Tiere zu haben, während ich ehrlicherweise einfach nur Angst vor ihnen hatte, mir das aber nicht eingestehen wollte. Schon beim Aufsteigen auf das Pferd wäre ich am liebsten gleich wieder abgesprungen. Meine Freundin jedoch schaffte es, eine Einheit und Verbundenheit mit den Tieren zu erzeugen, wohingegen mein Inneres absolut nicht in Harmonie war mit dem, was ich hier tat und wie ich es tat. Eine solche Angst und dementsprechend zwangsläufige Trennung spüren nicht nur die Tiere.

Jedes Lebewesen kann Übereinstimmung
oder fehlende Übereinstimmung leicht erkennen,
auch und besonders deine Mitmenschen.

Es genügt also nicht, nur die richtige Anweisung zu geben. Um wahre Wirkung zu entfalten, sollte sie immer mit einem dazu stimmigen Gefühl hinterlegt sein. Dem Vertrauen in sich selbst, dass das Leben eben so funktioniert, wie man es ansieht und fühlt.

Oftmals beschleicht uns das Gefühl, dass wir naiv wirken, wenn wir beschließen, unsere Welt von nun an mit den „eigenen Augen" zu sehen. Etwa allem, was uns begegnet, offen und wohlgesonnen entgegenzutreten und nur das Beste zu erwarten. Wir glauben, wir könnten ja die „Realität" übersehen, wenn wir nicht auch alle Risiken mit in Betracht ziehen würden. Oder wir lassen uns einreden, wir wirkten eingebildet, wenn wir uns selbst als Herr unserer Wirklichkeit fühlen.

Bei diesem „Filter" zwischen der Innen- und der Außenwelt gibt es jedoch ein verhängnisvolles Detail. Es besteht darin, dass wir parallel dazu äußerst hingebungsvoll danach suchen, uns selbst, unsere Seele in äußeren Gegebenheiten wiederzuentdecken und zu leben! Wahre Verbundenheit und somit echte Zufriedenheit kann definitiv erst dadurch entstehen, dass deine äußere Welt so aussieht wie deine innere Welt. Machst du immer so weiter wie bis jetzt, befindest du dich in einem ewigen Kreislauf, der dich wahrscheinlich niemals dahin führen kann, wo du eigentlich hin willst. Möchtest du das wirklich?

Im Gegensatz zu dem, was du wahrscheinlich oftmals vom Leben denkst und wie du das Leben empfindest – nämlich als etwas, das in Bezug auf dich selbst vermeintlich ganz willkürlich um dich herum stattfindet –, ist das Leben eigentlich eine Gesamtwesenheit, die von dir erst einmal beseelt werden möchte!

Um dir erwünschte Dinge und Geschehnisse in dein Leben zu holen, musst du zunächst deine eigene Energie als eine Gesamtheit wertschätzen, und nicht nur ausgewählte Einzelteile davon. Einfach alles, was in dir angelegt ist, gehört zu dir und deinem Leben dazu, auch wenn du noch nicht erahnen kannst, wohin dich wohl manche Anteile deines Selbst führen mögen.

Erst wenn du dich in deiner Ganzheit nach außen sendest,
wirst du dich auch wirklich von anderen erkannt fühlen.

In der Energie der Trennung, in der die meisten Menschen leben, sind wir nur vermeintlich stark. Verletzt werden kannst du in Wahrheit nur dann, wenn du dich nicht wahrhaftig zeigst. Sobald du dich dazu entschlossen hast, dich selbst in deinem Ganzen zu zeigen, weiß der andere genau, wer du bist.

Wenn du beispielsweise verlassen wirst und deinem Partner nie wirklich gezeigt hast, wer du bist, welche Gefühlswelten in dir leben und das Wesen deiner Seele mehr oder weniger verborgen geblieben ist, dann wirst du noch lange trauern können. Aufgrund einer wirklich verpassten Chance. Aber du kannst es jetzt anders machen.

Hast du dich aus ganzem Herzen dazu entschlossen, nun alles von dir zu zeigen und deine Energie ungehindert fließen zu lassen, dann warst du ganz du selbst und auch für andere einschätzbar und erlebbar. Du kannst dann gar nicht mehr enttäuscht werden, denn du lebst ja auch keine Täuschung mehr.

TEIL 1: SCHAFFE INNERE GANZHEIT

Wir werden uns im Nachhinein kaum deswegen ärgern, dass wir nicht die „richtige Fassade" aufgebaut haben, um unser Gegenüber von uns zu überzeugen. Dagegen sind mir in meiner Beratungstätigkeit schon viele Menschen begegnet, die regelrecht darum trauerten, nicht immer ehrlich, authentisch, herzlich und nahbar – dem Leben und den Menschen gegenüber – gewesen zu sein. Nicht auszustrahlen, was du wirklich bist, das ist wirkliche Zeitverschwendung.

Dieses „Erkannt-Fühlen" ist einer deiner treibenden Faktoren im Umgang mit anderen. Den Menschen, die dir begegnen, ist es dabei weniger wichtig, dass alle deine Fähigkeiten äußerlich perfekt ausgebildet sind. Viel eindrucksvoller ist das Gefühl, dich als ein Ganzes spüren und erfassen zu dürfen. Eine solche energetische Offenheit erzeugt unglaubliche Sympathie und Anziehungskraft! Meistens hast du nur noch nicht bewusst bemerkt, wie eigentlich dieses Strahlen in den Augen und damit auch bezauberndes Charisma entstehen kann. In den Momenten, in denen du in diesem Zustand schwingst, geschieht dies sofort, und zwar immer. Ich möchte dich wirklich ermutigen, die Voraussetzung für den Umgang mit deinem eigenen Energiefeld zu erlernen und in dein Leben zu integrieren, denn dies verstanden zu haben und spüren zu können, was es bewirkt, fühlt sich einfach nur zauberhaft kraftvoll an.

Damit ist natürlich nicht gemeint, dass du all deine Gedanken und Gefühle ausplaudern sollst. Es geht lediglich darum, dass deine Energie, deine innere Blaupause, authentisch und ehrlich nach außen fließen darf. Vielleicht möchtest du in diesem Sinne von nun an lieber sagen: „Jeder darf erkennen, wer ich wirklich bin. Wie mein Seelenwesen aussieht und wie es sich anfühlt. Denn dann kann auch ich fühlen, wer und was du, mein Gegenüber, wirklich bist."

Die Lösung für Wohlgefühl und Lebensfreude liegt also darin, unsere Umwelt nicht mehr als etwas Externes, das außerhalb von uns selbst existiert, zu betrachten, sondern zu erfahren, dass alles ein Teil von uns ist, ja eigentlich von uns selbst erst ausgeht.

Würdest du einen fremden Menschen anders betrachten, wenn du wüsstest, dass er in einem anderen Leben deine Schwester oder dein Bruder war? Das Interessante ist, dass wir augenblicklich in der Lage sind, eine Gefühlsverbindung zu jemandem aufzubauen, nur durch die Geschichte, die wir hören. Ist das nicht faszinierend? Und was wäre, wenn du beginnen würdest, diese Geschichte und somit deine Gefühle bereits im Voraus selbst zu definieren?

Deine Welt wird von innen nach außen gestaltet. Bildlich gesprochen solltest du deine Welt in deinen eigenen Farben färben. In diesem Schritt geht es nämlich genau darum, dich gezielt in das Zentrum deiner eigenen Welt zu stellen und deine ganz individuelle Energieprägung auf sie zu übertragen. Es ist nur dieser eine Schritt, der noch zur stimmigen Verbindung nach außen hin fehlt, nachdem du dich selbst vervollständigt hast. Du bist dann in der Lage, ein tiefes Gefühl der allumfassenden Verbundenheit mit allem zu erschaffen. Das ist nur von innen heraus möglich.

Seitdem ich diesen Schritt jeden Morgen bewusst tue, begegnen mir so viel mehr Menschen, die mich ganz tief berühren, mich inspirieren und auf ungeahnte Weise auf meinem Weg unterstützen. Und wenn die Dinge einmal schieflaufen, erlaube ich mir zu sagen: „Es liegt in meiner Verantwortung. Wo ist der Fehler in meinem Fühlen und Denken?" Und ganz besonders: „An welchem Punkt habe ich das, was mir begegnet, wieder als etwas von mir Unabhängiges betrachtet?"

Du trägst jegliche Informationen zu einem stimmigen Lebensentwurf in dir selbst. Es liegt in deiner Verantwortung, deine Welt so zu prägen, dass ähnlich schwingende Dinge von dir angezogen werden, sich auf dich zubewegen und auf dich einlassen können.

*Erlaube dir nun,
die Verantwortung für das, was du ausstrahlst,
vollständig zu übernehmen.*

Wichtig ist nach wie vor, deine Energie zuerst zu klären, bevor du sie ausweitest und deine Umgebung damit prägst. Ansonsten ziehst du womöglich wieder etwas in dein Leben, das nur zu einem Teil dir selbst entspricht. Und wie gesagt, diese Dinge, die durch Fremdenergie zu dir gezogen wurden, sind meist nicht von emotionaler Beständigkeit und werden sehr wahrscheinlich wieder von dir abgestoßen werden. Trau dich also an das Echte heran.

Übung:
So expandierst du deinen Seelencode

In den beiden ersten Schritten hast du dich innerlich reinigen und vervollständigen können. Prüfe nun noch einmal, ob diese innere Ganzheit noch in dir vorhanden ist. Falls du zunächst wieder innere Unstimmigkeiten fühlst, kläre diese bitte nochmals, bevor du den nächsten Schritt tust.

Da du nun eine schlüssige Verbindung zu dir selbst hergestellt hast, gilt es, diese nach außen hin auszuweiten. Deine ganz persönliche Welt ist eigentlich die Erweiterung deines Seelenwesens, jedoch nur, wenn du sie wieder dazu machst.

5 SCHRITTE ZUM VOLLSTÄNDIGEN SEELENCODE

Lass uns beginnen, deine Welt wieder zu deiner eigenen, dir wohlgesonnenen zu machen.

Spüre zunächst noch einmal hin, wie du die Welt gerade betrachtest. Ist sie etwas Fremdes für dich oder bist diese Welt du? Fühlst du sie als etwas Externes, bei dem du nur reagieren kannst, indem du deren Regeln beherrschst, oder ist es eher eine Erweiterung deines Selbst, ein Netzwerk deiner Energie, das dich und alles andere durchdringt und umgibt, sodass sich augenblicklich etwas in dieser Welt bewegt, sobald du dich in eine bestimmte Richtung bewegst?

In diesem Schritt geht es darum, dich ganz bewusst dafür zu entscheiden, dass deine Umwelt auf die Energie reagiert, die du sendest! Konsequent und zuverlässig.

Zieh deine Wahrnehmung wie immer hin zu deiner eigenen Mitte und deiner Energie. Fühle mit Geduld und Hingabe in deinen nun vollständigen Energiekörper hinein.

Die meiste Zeit nimmst du dich selbst in gedanklichen Einzelaspekten wahr. Nun geht es darum, den vollständigen Ausdruck deines Seelenwesens in einem „Gesamtgefühl" zu erspüren. Erschaffe dir also ein ganz klares Bild deines inneren Ichs. Wie fühlst du dich selbst in deiner wirklich authentischen Form an? Nur wenn du dieses Gefühl fassen und erkennen kannst, ist es dir möglich, es stimmig auf deine eigene Welt auszudehnen und alles damit zu durchdringen. Und vor allem wieder zu erkennen, welche Aspekte deines äußeren Lebens nicht richtig dazu passen wollen. Erst daraufhin können dir die Dinge begegnen, die diesem Gefühl in Form und Wirkung entsprechen. Lass dir also Zeit und schnüre eine Art Gesamtpaket deines inneren Ausdrucks. Fühle dich so lange hinein, bis du in einem wunderbaren Selbstgefühl oder auch Selbstwertgefühl aufgehst. Und dir vollständig sicher bist: „So fühlt sich mein wahres Ich an."

TEIL 1: SCHAFFE INNERE GANZHEIT

Interessanterweise entsteht, sobald du dich ganz erfasst und erfühlt hast, der innere Drang, diesen Ausdruck auszuweiten und auszudehnen. Denn alles, was seine eigene Aufgabe erfüllt hat, ist bereit, ins Außen zu gehen. Die eigene Aufgabe entsprach hier dem Empfinden deiner inneren Ganzheit. Überlege, wie es sich auch anfühlt, voller Freude zu sein. Sie drängt regelrecht danach, aus dir herauszusprudeln und in die Welt getragen zu werden. Denn im Moment der Freude fühlen wir uns dermaßen angefüllt, dass wir nur noch davon abgeben möchten.

Du wirst also den Zeitpunkt deutlich erkennen, wenn du dich als Wesenheit ganz erfasst hast.

Wahres Geben entsteht durch vorheriges Anfüllen des eigenen Wesens.

Im Anschluss daran breitest du diese wesenseigene Gesamtenergie, ausgehend von deinem Wahrnehmungszentrum, gleichmäßig über die gesamte Welt hinweg aus. Damit gibst du allem, was stimmig mit dir schwingt, die Möglichkeit, dich zu erkennen und auf dich aufmerksam zu werden. Wenn du möchtest, visualisiere dabei, wie nun alle Menschen, die stimmig zu dir passen, mit denen du vielleicht wunderbare Freundschaften oder erfolgreiche Partnerschaften führen kannst, in deine Richtung blicken und auf dich zukommen.

Mit diesem Schritt gibst du quasi deinen Seelencode in die Datenbank des Universums hinein und lädst dir dabei alle deinem Code entsprechenden Daten herunter. Du vernetzt dich also mit allen Schwingungen, Menschen, Umgebungen, Situationen, die deiner eigenen entsprechen. Eine innere Verbindung ist geschaffen, woraufhin sie im Außen auch entstehen kann.

5 SCHRITTE ZUM VOLLSTÄNDIGEN SEELENCODE

Sobald du das Gefühl hast, dass du eine schlüssig stabile Verbindung zu allem Umliegenden aufgebaut hast, bist du fertig mit der Energieübertragung.

Um nun den Faden nicht abreißen zu lassen, ist es wichtig, nicht nur mit geschlossenen Augen die Verbindung zu spüren, sondern auch, wenn du sie wieder öffnest! Transformiere dieses Gefühl also von einem inneren zu einem äußeren Gefühl, indem du deine Augen mit der Intention öffnest, dieses neu entstandene innere Gebilde durch dein Augenöffnen nach außen zu transportieren.

Wenn sie geöffnet sind, bleib bitte ganz bewusst noch einen Moment in diesem verbundenen Gefühl, um es auch auf diese Weise noch einzuspeichern.

Im Grunde solltest du deine Welt immer auf diese Art betrachten. Du wirst das Gefühl immer einmal wieder verlieren, vor allem zu Beginn. Doch spätestens, wenn du erkennst, wie wirksam es ist, wirst du dich davor hüten, die Welt einmal wieder allzu lange als etwas Selbst-Fremdes wahrzunehmen.

Zusammenfassung

1. Versammle deine wesenseigene Energie zu einem Gesamtgefühl deines Seelenwesens.
2. Dehne diesen Seelencode über deine Welt hinweg aus.
3. Visualisiere, wie alle Energien, die mit dir übereinstimmen, sich dir zuwenden und auf dich zukommen. Du bist nun mit ihnen verbunden.
4. Gestatte dir, gezielt die Menschen und Dinge wahrzunehmen, die dir entsprechen.
5. Tauche aus dieser Meditation auf, indem du das neu geschaffene Gefühl auf das Sichtbare überträgst und möglichst dauerhaft beibehältst.

Mit dieser Ausdehnung deiner wesenseigenen Aussage hast du dein Ich nun nach außen hin aufleuchten lassen und eine wirksam strahlende Verbindung geschaffen. Wirklich beeindrucken wird dich diese Übungsfolge wahrscheinlich besonders dann, wenn du sie über einen längeren Zeitraum kontinuierlich übst und wiederholst. Um somit immer beweglicher, feinfühliger und feinsinniger in deinem Leben agieren zu können.

Schritt 5:
Verdichtung deines Energiefeldes

Je feiner, diffiziler, dichter und somit beweglicher deine Energie ist, umso schneller finden deine Gedankenformen Umsetzung in der Welt. Du bist stets in Bewegung. Die Energie in dir will sich immer wieder neu formieren und wandern, je nachdem, was und wie du gerade fühlst und denkst. Und ganz in die Richtung, in die du deine Aufmerksamkeit gerade gelenkt hast.

Dein Energiefeld passt sich deiner momentanen Gefühlsstruktur in Bewegung und Form an. Deswegen kann man auch an deinem Energiefeld die Qualität deiner Gedanken ablesen. In Form von harmonischen oder disharmonischen Strukturen. Dabei ist es wirklich erstaunlich, wie schnell sich dein Energiefeld weiterentwickeln kann. Je öfter und aufmerksamer du es gezielt nutzt und wertschätzt, umso deutlicher wird es in seinen Aussagen sein. Und umso schneller wird es sich von einem zum nächsten gedanklichen Zustand bewegen!

Nur wenn du hingebungsvoll zuhörst, kann es sich hin zu einem emotional stabilen und tief berührenden Zustand verändern. Und darüber hinaus hin zu einer bezaubernd schönen Struktur, die dir ganz klar und deutlich von deiner eigenen Wahrheit erzählen kann.

*Energetische Beweglichkeit entsteht
durch Aufmerksamkeit und Übung.
Bist du bereit, in diese wundervolle Fähigkeit zu investieren?*

Ebenso lässt diese innere Beweglichkeit jedoch auch wieder nach, wenn du sie nicht mehr konsequent achtest und hingebungsvoll pflegst. Genauso wie du dich deutlich schwerfälliger fühlst, wenn du keinen Sport machst, so wird auch dein inneres Wesen träge, wenn du es nicht beachtest und forderst. Aktiv und zielgerichtet mit deiner eigenen Energie zu haushalten bedeutet eben auch, dass du intensiver auf deine Gedanken und Gefühle achten solltest. Man kann es sich im Grunde irgendwann gar nicht mehr leisten, sich mit negativen Gedanken und Gefühlen zu befüllen. Denn die Quittung folgt prompt.

Keine Sorge, das bedeutet nicht, dass du besser gleich in deiner vorherigen Energiekonstellation bleiben solltest, weil dir das vielleicht zu schwierig erscheint. Du bist jetzt dabei, dein Leben stark zu formen und zu klären. Und wenn du ehrlich bist, ist genau das dein Wunsch, schneller und zuverlässiger zu äußerer Umsetzung zu gelangen.

Ich kann nur bei mir selbst und anderen immer wieder beobachten, wie viel schneller kleinere oder auch größere „Hinweise" folgen, sobald man von stimmigem Fühlen und Denken abkommt. Das ist oft eher unangenehm, aber Feinfühligkeit sorgt eben auch für schnellere Umsetzungen.

Stell dir vor, man könnte deine Gedanken- und Gefühlsmuster stets an deinem Äußeren ablesen. Wie unangenehm wäre es dir dann, unschöne Gedanken und Gefühle in dir zu tragen? Gefühle wie Angst, Wut oder Missgunst. Wenn dein Gesicht wirklich grün vor Neid werden würde? Du würdest dich sehr davor hüten und dich viel stärker darin schulen, wohlwollend und liebevoll zu denken.

Doch leider ist es nur eine Illusion, negative Gefühle verbergen zu können. Deine eigene dich umgebende Welt kann sie dir permanent ansehen, reagiert dabei ganz solidarisch und kleidet sich im selben Energiemuster. So führen zum Beispiel Gedanken der Angst zur Abspaltung von dem, was du eigentlich möchtest, Wut zu innerer Vibration deiner Energieteilchen, was auch äußere Reibung nach sich zieht. Und Neid und Missgunst zu Starre und somit Leblosigkeit, was zu stark verminderter Strahlkraft führt.

Wenn dein Energiefeld beweglicher ist, so wirst du natürlich auch in der Lage sein, ungute Gefühle schneller und leichter zu neutralisieren und dein Energiefeld ähnlich einem Spielfeld neu aufzustellen. Aus negativen Gefühlen austreten, dein Energiefeld anpassen und wieder in Richtung deiner wahren Wünsche streben zu können, ist dann viel einfacher, als es dir vielleicht bisher gelungen ist.

Es ist eine Illusion, dass man dir deine Gefühle und Gedanken nicht an deinem Äußeren ablesen kann. Sorge also auch für deine innere Schönheit!

Ziel ist es, durch diese Übung deine Energie zu verdichten. Das bedeutet, möglichst alle Zwischenräume deines Energiefeldes zu füllen, alle deine Teilchen zu vereinzeln und zu verfeinern und darauf zu achten, dass keine davon etwa miteinander verhaftet sind und somit größere, unbewegliche Teile deines Energiefeldes bilden können.

Wir wollen also ein beweglich schwingendes, feingliedrig geformtes inneres Wesen erschaffen, das sich schnell in neue Situationen einfinden kann und in der Lage ist, Unstimmigkeiten leicht zu lösen. Informationen können so schneller wandern. Verdichtung des Energiefeldes bedeutet nämlich auch, dass wir die Zwischenräume sinnvoll befüllen.

Da wir bei den vorhergehenden Übungen von Energieteilchen gesprochen haben, nimmst du dein Feld jetzt wahrscheinlich in Energieteilchen und Zwischenräumen wahr. Damit Informationen jedoch ungehindert fließen können, solltest du auch und besonders zu diesen Zwischenräumen einen Bezug aufbauen.

Es ist uns meist nicht bewusst, doch im Alltag müssen wir ständig Zwischenräume überbrücken. Wie etwa den Raum zwischen dir und deinem Gesprächspartner. Woher weißt du, dass die Informationen, die du absendest, auch in ihrer Vollständigkeit beim anderen ankommen? Im Alltag, in dem du einfach gelernt hast, dass dein gesprochenes Wort bis zum anderen durchdringt, solange sich dieser in akustischer Reichweite befindet, ist diese Vorstellung eine Selbstverständlichkeit. Sie gilt aber auch für den „unsichtbaren" Energiefluss.

Bist du dir bewusst, dass du in der feinstofflichen Wirklichkeit auch ganz andere Zwischenräume überbrücken kannst? Indem du nämlich einfach eine energetische Brücke baust? Weißt du, wie es beispielsweise funktionieren kann, jemandem, der nicht anwesend ist, ein Gefühl zu senden?

*Dein Seelenwesen kann im Gegensatz
zu deinem gesprochenen Wort
ganz andere Distanzen überbrücken.
In Form von energetischem Senden.*

Dieses Phänomen braucht erstaunlicherweise wirklich niemand mehr erklärt zu bekommen. Es sind Situationen, die wir auch ohne spirituellen Hintergrund erkennen. Wie etwa an jemanden gedacht zu haben, der bald darauf anruft oder den wir ganz „zufällig" treffen. Wie du diese Gesetzmäßigkeit auch bisher kennengelernt haben magst, du kannst sie ganz bewusst verstärken und somit die Wirkung deiner eigenen Energie intensivieren.

Übrigens, auch deine Stimmung, deine Gefühle und Gedanken vergröbern und verfeinern deine Energie. Während trennende Gefühle wie Aggression dich selbst und deine Energie grob wirken lassen, verfeinern wahre Liebe und echte Hingabe dein gesamtes Feld und darüber hinaus alles, was dir begegnet.

Wenn du das ausstrahlst, kann beinahe alles von diesem zarten und doch unglaublich mächtigen Gefühl durchdrungen werden. Denn selbst wenn dir jemand unfreundlich aggressiv begegnet und du dabei einfühlsam freundlich bleibst, wird der andere stets intuitiv versuchen, sich in Richtung dieses Feingefühls anzupassen. Es funktioniert, weil der aggressive Part seine eigenen, unguten Gefühle in diesem Begegnungsmoment um den Faktor deutlicher spürt, den du im selben Moment durch deine eigene Hingabe im anderen erzeugst.

Umgekehrt funktioniert es nicht. Die sehr feinen Teilchen liebevoller und gütiger Ausstrahlung haben nämlich die Fähigkeit, in die Zwischenräume gröberer Energiekomplexe einzufließen und somit wieder Verbindung untereinander entstehen zu lassen. Die Abspaltung von sehr verletzenden Aspekten und deren äußerer Ausdruck fallen somit zunehmend schwer.

5 SCHRITTE ZUM VOLLSTÄNDIGEN SEELENCODE

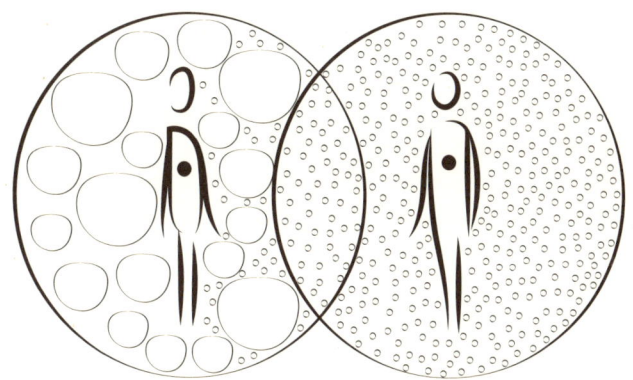

Feinfühlige Energie durchdringt gröbere Energieformen.

Genau diese Zwischenräume wollen wir also nun verdichten, damit alle Einzelelemente in deiner Welt wunderbar leicht Informationen austauschen und weiterleiten können. Außerdem deshalb, damit es dir einfacher gelingt, ein Gefühl der Hingabe, des Mitgefühls und der Eigenliebe aufrechtzuerhalten. Weil du in diesem feingliedrigen Energiezustand dann viel weniger schnell aus der Ruhe gebracht werden kannst.

Sehr kleine Teilchen werden in diesem Vorgang, also beispielsweise durch Begegnung mit Aggressoren, eher wie in verebbenden Wellen angestoßen und verlaufen sich sehr viel schneller wieder als größere Elemente, deren Energie eher kollisionsartig verbreitet wird und sich stärker in dir ausdehnen können.

Wie bereits beschrieben, machst du deine Energie mithilfe der folgenden Übung viel zugänglicher für harmonische Gefühle wie Fülle, Hingabe und natürlich ein Gefühl der Liebe. Denn nur wirklich „fein"-stoffliche Energieformen können dein Herz durchdringen und anmutige Gefühle freigeben.

Übung:
So verdichtest du dein Energiefeld

Sinke wieder ganz tief in dich hinein und aktualisiere die vorherigen Schritte noch einmal, wenn du spürst, dass dies notwendig ist.

Betrachte dein ausgedehntes Energiefeld nun eingehend. Fühle, wie es im Einklang mit dir sanft und durchdringend um dich schwingt. Immer in einer zu dir führenden, wohlwollend liebevollen Bewegung. Nimm dabei die Form und Größe deiner Energieteilchen in Bezug zu deren Zwischenräumen wahr. Sind die Zwischenräume weit und deine Energieteilchen locker darin verteilt? Oder befinden sich deine Teilchen bereits recht feingliedrig eng aneinander, sodass sie gut miteinander kommunizieren können? Und wie sieht es mit deiner Umgebung aus, wirkt diese eher verdichtet oder lose anmutend?

Visualisiere nun, wie sich die einzelnen Energieteilchen deines Wesens allmählich feingliedrig verkleinern, indem sie sich in ihre kleinsten Teile aufspalten, sich so in ihrer Struktur immer mehr verfeinern und in deinem Feld gleichmäßig verteilen. Während dieses Prozesses kannst du beobachten, wie die Zwischenräume immer kleiner und unscheinbarer werden, bis sich die kleinen Teilchen irgendwann beinahe zu berühren scheinen, um schließlich ganz zu verschwinden. Achte wieder darauf, dass dieser Vorgang in allen Bereichen deines Wesens gleichmäßig stattfindet und du dabei keine Stelle auslässt.

Während dieser Verdichtung kannst du wahrscheinlich deutlich spüren, wie auch dein Herz von diesem Auffüllen deines Energiefeldes berührt wird. Plötzlich kann deine wesenseigene Energie auch in dein Innerstes einfließen und sich in hochkommenden Gefühlen ausdrücken. Kannst du spüren, wie sich dein Herz hierdurch immer mehr „erfüllt" fühlt?

Lass diesen Verdichtungsvorgang so lange weiterlaufen, bis dein Herz komplett angefüllt ist und sich weit öffnet. Und vor allem: Versuche es dieses eine Mal wirklich zuzulassen, dass es sich vollständig öffnen darf! Und halte diese Öffnung eine Weile lang bewusst aufrecht. Sie lässt dich für deine Umwelt viel sanfter und wohlwollender strahlen. Denn deine eigene Öffnung dir selbst gegenüber schafft erstaunliches Vertrauen.

Sobald du alle Bereiche deines Wesens verdichtet hast, kannst du dich wieder deiner Außenwelt zuwenden. Öffne dabei deine Augen und übertrage wieder dein neu geschaffenes inneres Einheitsgefühl auf deine äußere Welt.

Zusammenfassung

1. Erfasse die Energieteilchen und die dazugehörenden Zwischenräume deines Seelenwesens.
2. Verdichte dein Energiefeld, indem du alle Teilchen in ihrer Struktur verfeinerst und diese sich vervielfachen und in ihrer Struktur verfeinern.
3. Lass diesen Vorgang so lange weiterlaufen, bis alle Bereiche deines Feldes verdichtet und gleichmäßig in ihrer Struktur sind.
4. Übertrage das neu gewonnene Gefühl beim Öffnen deiner Augen auf deine Umwelt und halte dieses Gefühl möglichst aufrecht.

TEIL 1: SCHAFFE INNERE GANZHEIT

Deine neu geschaffene innere Ganzheit ...

versetzt dich nun in die Lage, wohlwollend liebevoll und klar strukturiert mit deinem wahren Wesen kommunizieren zu können. Erst das Vorhandensein all deiner Seelenanteile befähigt dich dazu, dem vollständigen Wortlaut deiner inneren Stimme folgen zu können.

Durch die Kombination aus deinem universell verbundenen, höheren Wesen, der Kraft des Gefühls, schlüssige Hinweise auf Lebensentscheidungen geben zu können, und der Kombinationsfähigkeit des ausführenden Verstandes entsteht wahre Sinnhaftigkeit, die glaubhaft und gefühlvoll von Dauer ist.

Wenn du dich diesen einfach anmutenden Schritten mit Hingabe und ein wenig Zeit widmest, so wirst du schnell zu dieser kraftvollen inneren Ganzheit und Beweglichkeit gelangen, die notwendig ist, um wirklich zielführende Entscheidungen treffen zu können und einzigartig erfüllende persönliche Wege zu finden. Jedoch nur, wenn du von nun an ganz konsequent auf die Befindlichkeit deines Seelenwesens achtest!

Wenn du wirklich Fortschritte im Hinblick auf die faszinierenden Fähigkeiten deiner Intuition erzielen willst, dann mache es dir zur Gewohnheit, jeden Morgen mit dieser Meditationspraxis zur inneren Ganzheit zu beginnen. Denn nichts ist statisch, und du bist in ständiger Bewegung. So auch dein Energiefeld.

Jeden Tag von Neuem begegnen dir unerwartet emotional bewegende oder aufreibende Situationen. Dabei wirst du

DEINE NEU GESCHAFFENE INNERE GANZHEIT ...

jedes Mal wieder deine innere Reaktion anhand der Veränderungen deines Energiefeldes beobachten können. Parallel zu deinen Gedankenwegen und Gefühlsregungen wird sich auch deine Energie wieder dementsprechend umformen.

Das Spannende dabei ist jedoch, dass du über die Zeit hinweg durch die Arbeit mit deinem Feld selbst immer weniger dazu „gezwungen" bist, äußerlich zu reagieren und immer mehr deine innere Fähigkeit aufbaust, wirklich selbstbestimmt handeln zu können. In tiefer innerer Ruhe innehalten zu können, um erst nach einem Blick in dein Inneres eine wahre Antwort geben zu können.

Nichts ist statisch, so auch dein Energiefeld.
Für deine innere Ganzheit solltest du immer wieder selbst sorgen.

Sobald du die grundlegenden inneren Schritte verstanden und durchdrungen hast, kannst du beginnen, zu experimentieren und zu spielen. Du kannst die Meditationen beliebig erweitern und verändern, wenn du spürst, dass noch weitere Schritte für dich notwendig sind. Denn es ist dein ganz eigenes Ritual, und dich selbst darin wiederzuerkennen, ist das eigentliche Ziel. Es existiert dabei keine einheitliche Wahrheit. Jeder von uns hat seine ganz eigene Stimmigkeit, aufgrund einer anderen Herkunft und Grundstruktur seiner Seele. Jeder ist ein anderes Teilchen des allumfassenden Gesamten.

Das Spannende jedoch ist, dass wir durch Versuch und Irrtum im Leben lernen dürfen, dass die eigene Wahrheit verschiedene Gesichter haben kann. So verwerfen wir mit der Zeit vielleicht bisher empfundene und auch gelebte „Wahrheiten", die wir plötzlich infrage stellen und daraufhin bemerken, dass sie dadurch als Hindernis schwinden!

TEIL 1: SCHAFFE INNERE GANZHEIT

Sobald du dich eingehender mit dir selbst beschäftigst, werden sich manche Überzeugungen und bisherigen Wahrheiten auflösen. Um dir auf diese Weise die Freiheit zu geben, den nächsten Schritt ausmachen zu können. Wie viele Ansichten und Gefühlswelten hast du im Verlauf deines Lebens bereits als wahr empfunden und gelebt? Wir finden uns in einem ständig wandelnden Prozess wieder, der uns vielleicht irgendwann dazu bringt, alle Gedanken an „die Wahrheit" loszulassen und für einen Moment die Augen zu schließen, um einfach hineinspüren zu können, ob die Sache stimmt. Oder eben nicht.

Je älter wir werden, umso mehr sind wir meist dazu verleitet, uns auf die eine oder andere Art „fertig" zu fühlen. Dieses Gefühl entsteht immer nur durch eine Geschichte, also eine Aneinanderreihung von verschiedenen Anhaltspunkten, wie bereits beim Thema „Finde Zugang zu deinem feinstofflichen Ich" beschrieben. Du solltest eine Art von Gefühlswelt erschaffen, die dir den Zugang zu verschiedenen Dingen erheblich erleichtert. Diese sorgt für das Grundverständnis, dein Leben als dein Spielfeld zu betrachten. Nicht mehr als etwas, das dir von außen zugefügt wird, sondern als etwas, das von deiner inneren Ganzheit aus entstehen kann. Jederzeit!

*Zeige alles, was du in Wahrheit bist,
und deine eigene Wahrheit wird dir von außen wieder begegnen.
Öffne dein Herz mit Hingabe,
und die Herzen der Menschen öffnen sich dir.*

*Es gibt keinen Grund, nicht vollständig der zu sein,
der du wirklich bist.
Alleine das bringt dich zu den Situationen,
die dich wahrhaft erfüllen.*

*Teil 2:
Intuitive
Entscheidungs-
findung*

TEIL 2: INTUITIVE ENTSCHEIDUNGSFINDUNG

Du sehnst dich ...

nach einer inneren Instanz mit der absolut zuverlässigen Fähigkeit, dir auf alle deine Fragen eine deutliche Antwort geben zu können. Eine Instanz, die dir zu jeder Zeit die innere Gewissheit geben kann, einmal getroffene Entscheidungen nicht immer wieder auf den Prüfstand stellen zu müssen, weil du in deinem Leben alles auf einer grundlegenden, wahrhaftigen Stimmigkeit aufgebaut hast. Sodass dein Herz deine Entscheidungen für gut und vollkommen befinden kann und du jedem neuen Augenblick die größte Hingabe zuteilwerden lassen kannst.

Die Instanz wohnt seit jeher in dir und wartet nur darauf, von dir gefunden und gehört zu werden. Nur hast du vergessen, diese Fähigkeit deines ursprünglichen Wesens als das wertzuschätzen und zu beachten, was sie in Wahrheit ist: ein hingebungsvoller und absolut geduldiger Wegweiser, ein viel älterer und erfahrenerer Führer, als deine Person selbst es jemals sein kann. Ein Ratgeber, der mit einer höheren Intelligenz vernetzt ist und mehr sieht, hört und spürt, als du auch nur im Entferntesten erahnen kannst.

Vertraue deiner inneren Entscheidungsinstanz

Du wünschst dir klare und wirklich hilfreiche Antworten auf die ewige Frage des richtigen Lebensweges für dich? Und im Besonderen, welche optimal stimmigen Entscheidungen du auf diesem Weg immer wieder treffen solltest? Und Klarheit darüber, was überhaupt eine richtige Entscheidung ist, wie „es" wirklich stimmt und wie du mit innerer Sicherheit immer wieder Lösungen erschaffen kannst, die dir und deinen Intentionen wahrhaftig entsprechen?

Der große Helfer auf dem Weg der Ganzheit ist unsere Intuition. Nicht selten zweifeln wir jedoch am Ausmaß ihrer Bedeutung, da ihre Entscheidungen und Hinweise im ersten Moment vielleicht nicht so recht erklärbar sein mögen und augenscheinlich erst einmal zu unzusammenhängenden Lebenselementen führen können. Doch wenn du über einen gewissen Zeitraum hinweg genauer hinsiehst, wirst du erkennen, dass sich alles zu einem Ganzen fügt, sobald du es lässt. Du wirst vielleicht zunächst nur erahnen können, wie die einzelnen äußeren Aspekte deines Lebens zusammengehören könnten, doch nach und nach fügt sich das ganze zu einem Bild, wenn du beständig aufmerksam durch deine Welt gehst. Dabei findet deine innere Wahrheit früher oder später immer den Weg an die Oberfläche. Entweder weil du lernst, aufmerksam hinzuhören, oder weil du irgendwann mit (manchmal recht unangenehmem) Nachdruck darauf hingewiesen wirst, dich doch endlich so zu leben, wie du in Wahrheit bist.

Egal, ob es deine Beziehung, deinen Beruf oder etwas anderes betrifft – solange du nicht auf die dir innewohnende Stimme achtest, sondern sie konsequent beiseite schiebst, wird sie in unterschiedlichstem Gewand wieder und wieder bei dir anklopfen und versuchen, dich endlich auf Kurs deines Seelenwesens zu bringen. Das kann in Form von körperlichen oder seelischen Symptomen geschehen oder in Form von anderen „Missgeschicken". Mit dem Verstand kannst du das nicht lösen, denn er ist nicht die vernetzte Intelligenz, die deinem inneren Wesen entspricht. Wenn deine Seele spürt, dass du ihre Sprache nicht wahrnehmen und erkennen kannst, geht sie eben andere Wege, um deine Gedanken durch auffälligere Hinweise zu erreichen, und das kann manchmal recht drastisch sein.

TEIL 2: INTUITIVE ENTSCHEIDUNGSFINDUNG

Obwohl wir auf diese Weise in unserem Leben gar nicht so selten durch einen kleinen Schubs unserer Außenwelt auf die innere Wahrheit gestoßen werden, erkennen wir diese oft nur einen kurzen Augenblick an, um uns dem dann schnell wieder zu verweigern. Dann nämlich, wenn wir spüren, dass vermeintlich unangenehme Schritte die Folge dieser Erkenntnis wären.

*Wahre Sicherheit entsteht in dir,
wenn du endlich spürst,
dass du dich auf dein Inneres verlassen kannst.*

In der Tiefe unseres Seins erahnen wir schon länger, dass da etwas ist, das befolgt und verwirklicht werden möchte, aber wir bewegen uns doch lieber weiterhin auf einem gewohnten Weg, der uns sicher und bekannt vorkommt. Unsere Neigung, eine Situation, Menschen oder materielle Dinge der Einfachheit und Sicherheit halber lieber festzuhalten, anstatt gehen zu lassen, hindert uns immer wieder daran zu erleben, wie es sich anfühlt, tatsächlich anzukommen und in einer stimmigen Konstellation aus Menschen, Tätigkeiten und „Umständen" vollkommen aufzugehen.

Nur ungern lassen wir selbst das nicht los, was nur in sehr wenigen oder gar keinen Aspekten unseren Wünschen zu entsprechen scheint. Unsere große Angst vor möglichem Schmerz und der Verlust emotionaler Sicherheit halten uns zuverlässig zurück, unser Glück zu finden.

Schenkst du diesen Hinweisen deiner Intuition jedoch auf Dauer keinerlei Aufmerksamkeit, so zieht sich deine innere Stimme immer weiter in dir selbst zurück und gerät so irgendwann in vollkommene Vergessenheit. Dies führt aber dazu, dass du dich selbst immer weniger spüren kannst und damit auch deine wesenseigenen Talente, Fähigkeiten und Bedürfnisse nicht mehr wahrnimmst, geschweige denn leben kannst. Denn nur der individuelle Ausdruck deines von dir wieder gefundenen, ganz eigenen Potenzials hat die Macht, in deinem Leben in der äußeren Welt erfüllende Ziele zu formulieren und auszugestalten!

Es macht etwas mit dir,
wenn du bei etwas bleibst,
das du für dich als unstimmig erkannt hast.

Doch stattdessen geben wir uns oftmals mit Beziehungen zufrieden, die niemals zu wahren Partnerschaften heranwachsen können, mit Berufen oder Tätigkeiten, die unserem inneren Ruf nicht folgen können, und mit Freunden, die uns schon lange nicht mehr auf unserem Weg unterstützen und uns in der eigenen Tiefe nicht wirklich begegnen können. So unendlich viele kleine und große Dinge, die wir ungeprüft weiter bei uns tragen, nur weil sie schon immer da waren.

Löse dich von dem, was dich niemals erfüllen wird

Wir weigern uns nicht selten, die in wahrem Loslassen innewohnende Schönheit zu erkennen, wodurch wir voller Vorfreude Neues in unser Leben ziehen könnten. Doch nur, wenn wir zusätzlich zu unserer inneren Reinigung auch unsere Lebenskonstellationen aufräumen und dasjenige gehen lassen, das nicht wirklich zu uns gehört, wird der Platz frei für etwas, das passgenau und absolut zu uns gehörend an dieser Stelle platziert werden kann. Wenn wir damit einmal begonnen haben, lassen uns die Dinge, die wirklich stimmen, jeden Tag ein wenig tiefer in uns selber hineinsinken, uns intensiver

TEIL 2: INTUITIVE ENTSCHEIDUNGSFINDUNG

erspüren, wer wir wirklich sind, und sie bieten uns dann Aufgaben an, die nur wir mit Seele erfüllen können und durch die wir aufgefordert sind, dies auch zu tun.

Meist erlauben wir nur Teilbereichen unseres Lebens, wahrhaftig Ausdruck unseres inneren Selbst zu sein, anderen Bereichen wiederum widmen wir kaum Aufmerksamkeit. Wir können beispielsweise mit Hingabe musizieren lernen, aber den alltäglichen Beruf als öden Trott ableisten. Aus Gewohnheit oder einem Sicherheitsbedürfnis heraus, oder weil wir gar nicht erkennen, welch unterschiedliche Dinge eigentlich zu den inneren Strukturen passen, die wir in uns tragen. All das versteckte Potenzial in dir möchte aber ans Tageslicht kommen dürfen und *alle* Formen deines individuellen Selbst wollen gelebt werden. Dabei ist mit deinem Potenzial nicht in erster Linie dein äußerlich sichtbares gemeint, sondern das Erkennen deines eigenen Seelenpotenzials, das zunächst nur ein klares Selbstempfinden von dir fordert und anstrebt. Erst dann kann sich dein Gesamtbild stimmig sichtbar formen und für dich selbst und für alle anderen Menschen, die dir begegnen, erlebbar werden!

*Erlaube dir,
auf allen Ebenen nach Stimmigem zu streben.*

Dabei könnte sich dein Leben schon viel früher erheblich leichter, angenehmer und liebevoller gestalten. Denn was du für dein ganz persönliches Wohlgefühl benötigst, ist bereits in deinem Inneren vorhanden. Du musst es dir nicht erst neu erschaffen. Du bist schon damit auf die Welt gekommen! Du musst nur damit beginnen, eine dir längst innewohnende Sprache wieder zurückzugewinnen.

Die natürliche Intelligenz deiner Seele

Deine Seele ist mit einer universellen Intelligenz ausgestattet, die es ihr erlaubt, Einblick in die größeren Zusammenhänge deiner Welt zu nehmen und dich zuverlässig zu führen. Auch wenn wir verlernt haben, auf den ersten Blick zu erkennen, welche Bedeutung ein Mensch oder eine Begebenheit für uns hat, können wir diese faszinierende Fähigkeit wieder zurückgewinnen und aktiv in unserem Leben nutzen.

Denn du hast eine ganz natürliche Verbindung zu allen Dingen, die wirklich zu dir gehören und die Eigenschaft haben, dich zu berühren. Es ist deine wesentliche Fähigkeit, Personen, Dinge und Situationen in dein Leben zu ziehen, die dir entsprechen. Jeder trägt dieses innere Wissen in sich. Es bestimmt, in welche Richtung dein Herz dich drängt, welche Situationen dich aufblühen lassen und von welcher Art Grundenergie du dich durchs Leben tragen lässt. Wir haben lediglich verlernt, diese magisch anmutende Instanz zu schätzen und zu nutzen, da wir unserem analytisch kombinierenden Verstand den Vorzug lassen.

Es sind nicht unsere vergangenen Erfahrungen,
die uns lehren, unseren Seelenweg zu finden.
Es ist die Fähigkeit,
wohlwollend seiner eigenen Stimme bewusst zu sein.

Diese innere Stimme möchte uns konsequent den zu uns passenden Weg durchs Leben zeigen. Nicht nur in Ausnahmefällen, sondern immer. Leider sind wir nicht dazu ausgebildet, diese innere Fähigkeit bewusst wahrzunehmen und sie als das zu achten, was sie tatsächlich ist. Der innere Kompass, der richtungsweisende Antworten auf all deine Fragen

TEIL 2: INTUITIVE ENTSCHEIDUNGSFINDUNG

bereithält. Mit einer inneren Stimme, die jubiliert, wenn du stimmige Schritte tust, die dich anspornt, wenn du versucht bist aufzugeben, und dich warnt, bevor du dich aufmachst, in die falsche Richtung zu gehen. Und das auf allen Ebenen deines Lebens. Denn alles ist lebendige Energie und resoniert auf entsprechend stimmige Dinge.

Deine Seele wünscht und fordert dabei Lebensumstände, die eben vollständig stimmen, nicht nur beinahe. Wir werden dazu angehalten, uns mit dem Leben zufriedenzugeben, das wir haben, doch manchmal musst du in den Augen anderer nach den Sternen greifen, um wahre Zufriedenheit in deinem Herzen entstehen zu lassen. Denn manchmal funktioniert deine Welt eben doch anders, als es dir beigebracht wurde. Und keiner außer dir muss wirklich verstehen, was dein persönlicher Herzensweg ist und wie sich dieser vom einen zum nächsten Schritt fügt.

Würden mehr Menschen ihren Weg auf diese Art gestalten, ergäben sich immer mehr Synchronizitäten auch im Gesamtbild der Menschen. Doch muss niemand anderer verstehen, wie dein Leben funktioniert, denn allein dein inneres Wissen genügt, um alles so zu fügen, wie es dir entspricht!

Insgeheim wünschen wir uns, dass es wahrlich zu uns gehörende Dinge im Leben gibt. Einen bestimmten Beruf, bestimmte Menschen und vieles mehr, das genau zu unserem inneren Wesen passt. Was würde es mit unserem Leben machen, würden wir diesem inneren Impuls Glauben schenken? Die unangenehme Beliebigkeit der Dinge würde einem tiefen Zugehörigkeitsempfinden weichen. Einer Sehnsucht, genau das zu finden, was durch innere Stimmigkeit mit dir harmoniert. Es entstünden die Wachsamkeit, hinzusehen, die Disziplin und Hingabefähigkeit, Schritte zu gehen, die notwendig sind, um diese Dinge im Leben zu finden. Wir würden danach streben, das einzigartige Erlebnis von Übereinstimmung mit dem eigenen Inneren zu finden und zu erfahren. Was also hält uns davon ab? Es ist die Angst, genau diese Dinge in einer Welt unzähliger Möglichkeiten nicht zu finden. Doch das Potenzial, diese zu erkennen und in einer unüberschaubaren Fülle der Dinge in diesem Leben zu erspüren, hat eben nur die Intuition. Die Stimme deines inneren Wesens.

*Entlasse dich aus der Beliebigkeit der Dinge
und strebe danach, deren wahre Bedeutung zu erfahren.*

Denn jede Sache, die mit dir übereinstimmt, deutet wieder auf eine weitere hin, die ebenfalls stimmt. So überlege dir gut, warum du hier bist. Was ergibt für dich erlebbaren Sinn auf dieser Erde? Vielleicht kommst du zum Schluss, dass der Sinn im Erschaffen liegt. Denn dort, wo wir herkommen und alles bereits vorhanden ist, liegt der Zauber nicht darin, etwas entstehen zu lassen. Auf dieser Welt jedoch hast du die Möglichkeit dazu. Nutze also deine inneren Ressourcen und erschaffe, was dir wahrhaftig entspricht. Und vielleicht fügt es sich so, dass es auch für alle anderen Menschen von größtem Wert ist, wenn du als Allererstes einmal auf deine eigene innere Ordnung achtest. Denn wenn du dich selbst als Aufgabe gelöst hast und wirklich zu fließen beginnst, kannst du dich voller Hingabe in die Welt geben und deine Integrität den äußeren Tätigkeiten widmen, um stimmiges Neues entstehen lassen. Es bedarf lediglich deiner inneren Bereitschaft, Dinge wahrhaft anzusehen und ihr dahinterliegendes, verborgenes Wesen zu erkennen. Um deinen vergessenen inneren Fähigkeiten wieder den Raum zu geben, den sie verdienen.

TEIL 2: INTUITIVE ENTSCHEIDUNGSFINDUNG

Schenke also deiner tief verankerten, inneren Ahnung wieder Glauben, dass es ganz bestimmte Dinge auf dieser Welt gibt, die wirklich stimmig zu dir passen. Das gibt dir die Kraft, dich von den Dingen zu trennen, die dich niemals erfüllen werden. Und wenn du ganz ehrlich zu dir bist, weißt du bereits in diesem Augenblick, welche Dinge deines Lebens das wahrscheinlich sind.

Was in dir angelegt ist

Dein Leben ist zu keiner Zeit in irgendeiner äußerlich bedingten Art vorherbestimmt. Lediglich das, was du hierher mitgebracht hast, nämlich dein ureigenes Seelenwesen, ändert sich wenig. Es ist deine Essenz, die sich durch Resonanz mit stimmigen Situationen öffnet, strahlt und aussendet. Je öfter du nach den Worten deiner inneren Stimme handelst, umso mehr Energie wird in dir freigesetzt. Dieses Phänomen ist dir mit Sicherheit schon einmal selbst aufgefallen. Wenn du Dinge tust, die deinem Inneren entspringen, die dich innerlich auffüllen, erhältst du dadurch mehr und mehr Kraft und Ausdauer.

> *Deine grundlegende Energiestruktur ist vorherbestimmt;*
> *was du aus dieser Information machst, liegt ganz bei dir.*

Umgekehrt wird der ungehinderte Fluss deiner Energie gedrosselt, wenn du deinem inneren Ruf konsequent den Rücken kehrst. Durch solche Energieblockaden versucht dein Inneres, deine Aufmerksamkeit zurückzugewinnen, um dich dazu aufzufordern, wieder die wahren Schritte auf dem Weg zu erkennen. Denn diese liegen einfach auf der Hand, sobald man sich traut, tatsächlich hinzusehen und wahrzunehmen.

Was deine Seele dabei als stimmig erkennt, sind Energieformen, keine äußeren Merkmale. Denn diese sind nur die Spitze des Eisbergs. Dein inneres Wesen erkennt also nicht etwa, ob ein bestimmter Mensch zu dir gehört, sondern ob dessen Energie stimmig mit deiner eigenen schwingt. So sind es nicht die Augen eines unbekannten Menschen, in denen du dich scheinbar wiedererkennst, sondern dessen wesenseigene Energie, die du durch das Eintauchen in diesen Menschen spürst. Sie zeigt dir auch nicht an, welche Arbeitsstelle exakt zu dir passt, sondern ob dein inneres Wesen damit übereinstimmt.

So kann es natürlich sein, dass es verschiedene Menschen gibt, die stimmig mit dir schwingen, oder dass es mehrere Tätigkeiten gibt, die dir im Grunde entsprechen würden. Auf die eine oder andere Weise. Dabei gibt es natürlich immer noch deinen freien Willen, entweder das eine oder das andere oder eben gar nichts zu tun. Es liegt ganz bei dir und hängt von deinen Erfahrungswünschen und inneren Ansprüchen ab.

Dein Seelenwesen erkennt
nicht den Menschen oder die Situation,
sondern deren Energiefeld, das stimmig passt.

Deine Seele beinhaltet dabei im Grunde eine Art Informationscode. Dieser Code besteht aus deinen Einzelteilchen, die du im vorhergien Kapitel zur inneren Ganzheit bereits erfahren, sortieren und bereinigen konntest. Je stimmiger dieser Seelencode geordnet ist, desto mehr von dem dazu passenden äußeren Lebensbild kann in Erscheinung treten, wenn du deine Gedanken dementsprechend unterstützend formst. Das ist in etwa so, als würdest du auf dem Bildschirm deiner sichtbaren Welt ein bestimmtes Bild programmieren. Stimmig fließend, allein mittels deiner eigenen Energieteilchen, die in dir angelegt sind.

Du kannst dir deine Seele also wie eine Art schwingend bewegliche Struktur vorstellen, der bestimmte Elemente deines Lebens entsprechen. Nun ist es jedoch eher weniger so, dass dieser Seelencode direkt besagt, welche Talente oder Fähigkeiten wir haben. Er bestimmt also nicht, ob du Pianist oder Programmierer werden wirst, denn dies sind im Grunde nur Folgeerscheinungen. Aus deiner Seelenstruktur ergeben sich erst einmal weniger greifbare primäre Fähigkeiten. Dabei ist es wirklich faszinierend, diese inneren Fähigkeiten der Menschen zu entdecken. Und natürlich im Besonderen auch deine eigenen. Man könnte sie vielleicht als die eigentlichen Gaben der Menschen beschreiben, die wahrscheinlich viel bedeutungsvoller sind als die später daraus entstehenden Talente.

Da gibt es beispielsweise Beobachter, die eine unglaubliche Kombinationsgabe besitzen. Die also Verbindungen und Beziehungen untereinander beobachten und Vernetzungsstrukturen wahrnehmen könnten. Die es schaffen, anderen Beziehungsgeflechte aufzuzeigen, und zur Entstehung neuer Strukturen helfen könnten. Andere wiederum können wahrlich in die Tiefe der Dinge eindringen, um dort deren Grundstrukturen zu erfassen. Sie können mit Leichtigkeit in das Innere und die feinsten Strukturen bestimmter Aufgaben eintauchen, um deren Essenz ans Tageslicht zu bringen. Dann gibt es Menschen, die in die Höhe streben und vereinendes Potenzial in sich tragen. Die eine Gruppe einzelner Menschen zu einer echten Gemeinschaft machen können, ganz natürlich und ohne dies gezielt zu wollen. Es geschieht allein durch ihre Präsenz. Und es gibt wahre Herzöffner, die auf ganz besondere Weise berühren. Die von Beginn an andere Menschen in ihrem weit geöffneten Herzen Platz nehmen lassen, um sie an ihre eigenen Gefühlsbarrieren zu erinnern.

Diese und natürlich noch viel mehr grundlegende Fähigkeiten kommen in uns Menschen zum Vorschein. In ganz unterschiedlicher Anordnung und Zusammensetzung treten sie in uns auf und formen unser Denken und Fühlen. Sie bieten uns somit eine wertvolle Entscheidungsgrundlage für alle unsere Lebensschritte. Viele von uns lernen jedoch zu Beginn ihres Lebens genau diese primären Fähigkeiten erst einmal zu überschreiben oder gar zu unterdrücken, da diese die ersten deutlichen Anzeichen davon sind, dass wir eben alle anders sind als die anderen.

Vielleicht war es deine eigene „Berührbarkeit", die dich weich und sicherheitsbedürftig fühlen ließ, sodass du sie durch die Verhärtung deines Herzens überdeckt hast, und so wahrscheinlich auch später nicht mehr so weit durchdringen konntest, dich wirklich von etwas berührt zu fühlen. Vielleicht hast du dich zu Themen hingezogen gefühlt, die nicht zu den Interessensgebieten deiner Umwelt passten, sodass du unbewusst einen stimmigen Teil deines Wesens von dir abgespalten hast. Doch so fehlte immer etwas, wobei du später wahrscheinlich nicht mehr genau wusstest, was es ursprünglich war, das du von dir abgeschnitten hattest.

Auf dieser Grundlage versuchen wir uns später möglichst alle dieselben, wohl erwünschten, Softskills anzueignen. Und bewundern anschließend nicht allzu selten genau die Menschen, die sich trauen, noch immer ihr ganz „eigenes Ding" zu machen. Vielleicht aus dem Irrglauben, dass wir unser ganz Eigenes nur mit unglaublicher innerer Kraft, Stärke und Durchsetzungsvermögen hätten in die Welt bringen können.

TEIL 2: INTUITIVE ENTSCHEIDUNGSFINDUNG

Doch manchmal sind es die sanften Töne, die uns am stärksten berühren und die größte Anziehungskraft auf uns haben.

*Deine primären Fähigkeiten
sind die erste äußere Darstellung deines Seelenwesens.*

Befassen wir uns also erst einmal damit herauszufiltern, was eigentlich unsere inneren Fähigkeiten sind. Wenn wir alle uns dessen bewusst wären, würden wir uns vielleicht in ganz anderen Positionen befinden, andere Berufe oder Beziehungen wählen und unsere geistigen Fähigkeiten ganz anders schulen und einsetzen.

Was also sind deine primären Fähigkeiten?

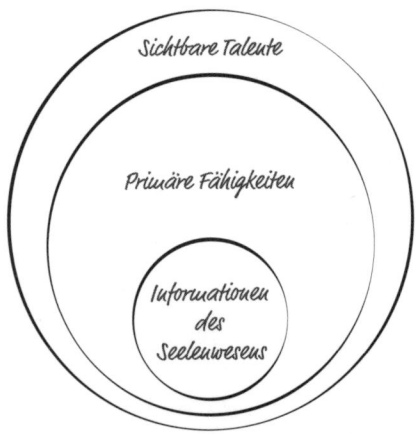

Doch bevor wir diese primären Fähigkeiten erkennen können, ist es wichtig, auf die richtige Ebene unseres inneren Wesens zu blicken!

Erkenne das Wesentliche

Jeder Mensch hat seine ganz eigene Energie. Du spürst diese im Augenblick wahrscheinlich noch eher im Nachhinein als im Moment der eigentlichen Begegnung. Denn im Rückblick kannst du die Menschen hauptsächlich durch deren wesenseigenes Energiefeld betrachten, das sich in dir länger bewahrt als das Aussehen oder das, was gesprochen wurde. Worte vergehen oft schnell, aber dein erstes Gefühl zu einem Menschen bleibt dir meist prägend in Erinnerung. Und bestätigt sich auch nicht allzu selten einige Zeit später.

Doch nicht nur in den Menschen kannst du diese innere Wesenheit erkennen, sondern auch in allem anderen. Alles, was dich umgibt, hat nämlich auch eine eigene, unverwechselbare energetische Dimension. Wie auch sonst solltest du testen können, ob etwas stimmig zu dir passt?

Bei jeder Stimmigkeitsentscheidung gleichst du deine energetische Struktur mit der des beteiligten Menschen, des Objekts oder der jeweiligen Situation ab. Erst dadurch erkennst du *das Wesentliche* in den Dingen! So mag es vielleicht erst einmal etwas seltsam anmuten, doch auch eine Teekanne, ein Auto, eine Wohnung oder dein Beruf haben natürlich diese innere Dimension.

Alles, was du gedanklich oder gefühlt
zu einem Ganzen zusammenfasst,
bekommt im selben Moment
eine testbare energetische Dimension.

Möchtest du beispielsweise deinen Beruf oder deine Arbeitsstelle austesten, so ist es zunächst notwendig, diese nicht mehr in einzelnen Komponenten zu fühlen, sondern dieses gedankliche Konstrukt zu einer Art Gesamtwesenheit zusammenzufassen. Denn wenn du Entscheidungen nach deinem Verstand triffst, so bewegst du alle Elemente, die vermeintlich zur Entscheidung hinzugehören, einzeln in Gedanken so lange hin und her, bis du anhand deiner Einordnung der Einzelteile deinen Entschluss triffst.

Bei einer energetischen Entscheidung ist es jedoch etwas anders. Da du ja gar nicht ahnen kannst, welche und wie viele Aspekte mit in den Verlauf der Dinge hineinspielen (und das können wider Erwarten die ungewöhnlichsten Faktoren sein), solltest du zunächst alle Einzelteile zu einer empfundenen Gesamtwesenheit zusammennehmen. Anders als gewohnt, siehst du in diesem Fall für einen Moment ganz losgelöst von den Einzelteilen auf die ganze Sache und formst daraus ein Bild ihrer innewohnenden Wesenheit.

Testest du beispielsweise eine Entscheidungsoption, so formst du diese Möglichkeit in deinem Inneren zu einer Gesamtwesenheit, die du dann gut testen kannst. Du prüfst also die „Wesenheit der Option", indem du einen bestimmten Lebensumstand, eine Konstellation verschiedener Dinge als eine ganze Wesenheit wahrnimmst, um diese daraufhin auf ihre Stimmigkeit bezüglich deines eigenen ganzen Seelenwesens testen zu können.

Bevor du jedoch erkennen kannst, was wirklich stimmt, musst du lernen, dieses innere Wesen einer Sache erfassen zu können, ohne ihm eine persönliche Bedeutung zuzuschreiben. Es geht darum, die Sache erst einmal sich ausdehnen und ihre Wirkung entfalten zu lassen. Solange du sie aber mit Erwartungen oder festgefahrenen Ansichten überlagerst und bedrängst, wird sie sich nicht stimmig zu erkennen geben und nicht gut testen lassen. Sobald du ihr jedoch die Gelegenheit gibst, sich so zu zeigen, wie sie tatsächlich ist, kannst du auch klar und sicher auf die daraus resultierenden Informationen zugreifen.

So ist es also besonders wichtig, erst einmal eine vorurteilslose Betrachterrolle auch dir selber gegenüber einzunehmen und eine Sache oder Situation zunächst zum Leben zu erwecken, indem du nicht mehr auf deren äußere Erscheinung blickst, sondern eine Ebene tiefer auf deren innere Wesenheit.

Das wichtigste Instrument, um Stimmiges zu erkennen, ist dabei deine Wahrnehmung. Doch können wir nur wahrhaftig wahrnehmen, wenn wir nicht im selben Moment beurteilen, was wir wahrnehmen. Weil dies ungewohnt ist, stellt es wahrscheinlich das größte Hindernis dar, dem wir zunächst gegenüberstehen.

Im Augenblick wahrhaftigen Wahrnehmens befreist du dich im Grunde einen Moment lang von dir selbst.

Diese Art von Wahrnehmung hilft dir übrigens nicht nur zuverlässig dabei, bestimmte Hintergründe zu erkennen, sondern sie kann dir auch sehr gut im Umgang mit Menschen in deinem Alltag helfen.

Reines Wahrnehmen führt nicht nur dazu, dass du deutlicher erkennen kannst, welche energetischen Strukturen den betrachteten Dingen zugrunde liegen. Es lässt dich auch selbst sehr viel klarer und zugänglicher ausstrahlen. Wenn du es unterlässt, die dich umgebenden Menschen und Dinge ununterbrochen zu bewerten, wirst du wieder durchlässig und die Energien können durch dich hindurchfließen, ohne an deinen Vorstellungen und „Eckpunkten" hängen zu bleiben oder abgelenkt zu werden. Und das spürt beinahe jeder Mensch sehr deutlich im Umgang mit dir. Deine Umgebung fühlt sich hierdurch liebevoll von dir aufgenommen, und voller Vertrauen wird man dir mit berührender Offenheit begegnen.

Fühle dich jedoch nicht gedrängt, auf diese vielleicht zunächst ungewohnte Weise durch dein Leben zu gehen. Vielleicht probierst du es einfach einmal aus und beobachtest neugierig die berührenden Reaktionen, die dir entgegenströmen werden. Denn das Beste, was du für deine Mitmenschen, deine Freunde und Liebsten wirklich tun kannst, ist, ihnen in deinem Herzen Raum zu geben. Dort können sie sich ausbreiten, sicher fühlen und geben dir die Erlaubnis, auch in ihr Innerstes einzutauchen. In das Seelenwesen, das in jedem Menschen – aus Furcht davor, wirklich erkannt zu werden – meist etwas verborgen erscheint.

Deine Wahrnehmung führt also nicht nur dazu, dass du besser erkennen kannst, sondern auch dazu, als das erkannt zu werden, was du tatsächlich bist.

Denn dein offenes Herz besitzt die liebevollsten Kräfte.

Gewöhne es dir also an, auf diese informationsreiche Ebene hinter der optischen Fassade zu blicken. Mitunter wirst du zu deiner Überraschung feststellen, dass diese ab und an recht wenig mit ihrer äußeren Form zu tun hat. Die meisten Menschen lassen sich nur bis zu einem gewissen Punkt durchdringen und wahrnehmen. Damit meine ich die Tiefe, in die man jederzeit hineinblicken kann. Doch erst ab einer gewissen Tiefe spürt man den Menschen tatsächlich. Nicht mehr die Rolle, sondern das innerste Wesen dieses Menschen. Wenn du dieses Wesen betrachtest, erkennst du sehr schnell, welches Puzzleteil dieser Mensch für dich darstellt. Denn es gibt einen Unterschied zwischen flüchtig fließenden Emotionen

DIE NATÜRLICHE INTELLIGENZ DEINER SEELE

und tief empfundenen Wahrheiten, die wir dabei erkennen können. Dabei ist dieser Blickwinkel so einfach, wenn man ihn einmal erfasst hat. Und eines wird dabei immer geschehen:

*Ebenso tief, wie du bei anderen eintauchst,
wirst du dich im selben Moment
auch in deiner eigenen Tiefe spüren.*

Oder eben erkennen, wie sehr du dich vielleicht noch dagegen sträubst, in deine eigene Tiefe einzutauchen.

TEIL 2: INTUITIVE ENTSCHEIDUNGSFINDUNG

Entscheidungen der Seele

Dein Leben besteht aus Entscheidungen. Tagtäglich, jeden Augenblick. Du entschließt dich permanent, entweder das eine oder das andere zu tun. Oder eben keines von beidem. Dabei wünschst du dir eine klare Antwort, die vor allem auch beständig ist. Ein möglichst dauerhaft gültiger Entschluss, auf den du dich verlassen kannst, soll es sein. Doch du weißt aus eigener Erfahrung, dass es meist nicht so einfach ist. Irgendwie wissen die meisten Menschen bis heute nicht so ganz genau, auf welcher Grundlage sie die Antworten auf mögliche Entscheidungsoptionen eigentlich finden sollen.

Meist haben wir doch bis jetzt auf folgende Weise Entscheidungen getroffen: Wir haben möglichst viele Informationen zu einem bestimmten Thema gesammelt, diese dann gedanklich ausgewertet, um letztendlich aus einer mehr oder weniger klaren Mischung aus Verstand und Gefühl die Entscheidung zu treffen. Fühlte sich das immer gut an für dich? Wahrscheinlich eher nicht. Wie viel Beklommenheit, Zweifel und Unsicherheit begleiten doch zumeist diesen „normalen" Weg. Kein Wunder. Diese Art der Entscheidungsfindung generiert sich aus einer Schnittmenge unserer vergangenen Erfahrungen und den daraus entstandenen Emotionen, zusammen mit persönlich erlerntem Wissen und vielleicht dem einen oder anderen Rat eines guten Freundes. Der letztliche Entschluss beruht also vor allem ganz subjektiv auf unserer vergangenen und heutigen Erfahrung. Wir bleiben auf diese Weise meist in denselben Gedankenmustern stecken, und so können uns natürlich auch immer nur wieder ähnliche Erfahrungen begegnen.

Dein Impulsgeber für deine Entscheidungen war also bisher dein Verstand, ein gewisses Gefühl und dazu noch etwas

Bauchgefühl, was die meisten mit Intuition gleichsetzen. Das Seltsame daran ist, dass jede dieser inneren Instanzen ihre ganz eigene „Meinung" hat. Und das würde ja bedeuten, dass wir „Verschiedene" in einem sind. „Einstimmigkeit" gibt es so also nicht!

Wenn wir uns also wünschen, wirklich stimmige und auf die positive Entwicklung unseres Lebens verlässliche Entscheidungen treffen zu können, so sollten wir erst einmal klären, „wer" wirklich der Stellvertreter unseres tief sitzenden Selbstgefühls „Ich" ist und welches ein wunderbar hilfreiches Werkzeug zur Umsetzung dieser Entscheidungen darstellt.

Was ist Stimmigkeit?

Lange Zeit glaubte ich, das *Gefühl* wäre der ausschlaggebende Faktor für richtige Entscheidungen im Leben. Dass einem, wenn man nur alles aus dem Herzen heraus entscheidet, genau die Situationen begegnen müssten, die einen wirklich erfüllen. Man sagt es ja auch so: „Ich habe irgendwie das Gefühl …" Oder: „Mein Bauchgefühl sagt eher …" Doch fand ich mich selbst und andere Menschen dennoch immer wieder in ungereimten Lebenskonstellationen, in denen das eigentliche „Herzgefühl" nicht mit einer anderen inneren Stimme zusammenpasste, die immer wieder mal leise oder auch etwas lauter in uns auftaucht.

Dieser Faktor, den wir gemeinhin als *Gefühl* beschreiben würden, schien also nicht unbedingt der inneren Struktur der Seele zu entsprechen! Wodurch ich immer tiefer zu überlegen begann, ob das Herzgefühl und die sinnstiftende innere Stimmigkeit eigentlich wirklich eins sind und dasselbe Bestreben haben.

TEIL 2: INTUITIVE ENTSCHEIDUNGSFINDUNG

*Dein Gefühl und deine Intuition
sind zwei verschiedene Instanzen.*

Das kann sich in vielerlei Momenten zeigen, als sanfter, manchmal auch als etwas hartnäckigerer Hinweis. Du wirst das sicherlich kennen. Vielleicht bist du mit einem Partner zusammen, den du zwar liebst ... doch eine feine innere Stimme flüstert trotzdem immer wieder, dass tief im Kern etwas nicht so ganz stimmt. Vielleicht übst du eine Tätigkeit, einen Beruf aus, der dir sogar Spaß macht, doch nicht die innere Zufriedenheit und nachhaltige Freude mit sich bringt, die du dir eigentlich erhoffst. Dieses Sehnen ist also immer noch da und lässt sich auch nicht ganz unterdrücken. Von Zeit zu Zeit schleicht sich dieses Gefühl fehlender innerer Stimmigkeit bezüglich gewisser Dinge bei dir ein, und das tiefe Wohlgefühl, das dich endlich zu Hause fühlen lässt, scheint sich einfach nicht einstellen zu wollen.

Diese sanften und doch eindeutigen Hinweise, die ab und zu in dir aufsteigen, bieten dir eine große Chance: wieder zu erkennen, wohin du eigentlich wolltest, auch wenn du es für einen Moment vergessen hattest. Vielleicht wusstest du nicht so recht, was du mit diesen inneren Hinweisen anfangen solltest oder woher sie eigentlich kamen. Und so hast du sie einfach wieder beiseite geschoben. Doch wenn du voller Hingabe und Selbstliebe ganz ehrlich zu dir bist, ist eine Beziehung – welcher Art auch immer – ab dem Punkt eigentlich bereits vorbei, wenn du diesen inneren Ruf einmal deutlich gehört hast! Natürlich kannst du jede weitere Aufforderung deines Inneren, doch endlich hinzusehen, weiterhin konsequent unterdrücken. Doch was du in deinem Herzen nicht bereinigen möchtest, wird sich über kurz oder lang auch von deinem Seelenwesen abspalten.

Bestimmt hast du auch schon die Erfahrung gemacht, wie es sich anfühlt, wenn man eine Weile Teil von etwas war, das man im Grunde nicht wirklich ist. Es fühlt sich an, als hätte man aus seinem Inneren das Falsche ausgemistet, quasi wichtige Aspekte seiner Seele, die nicht zu den Situationen passten, in denen man gerade steckte, immer weiter aus sich heraus gedrängt. Was dabei übrig bleibt, ist nur ein Bruchteil deines ursprünglichen Wesens! Natürlich muss das früher oder später dazu führen, dass sich ein Gefühl innerer Leere in dir breitmacht. Doch was bleibt denn schon, wenn du aus dir das verbannst, was du eigentlich bist?

Es führt zwangsläufig dazu, dass du dich selbst immer weniger klar als „Ich" und als ein vollständiges Wesen erspüren kannst. Deine Zielrichtung wird bedrückend schwammig und du entfernst dich immer weiter von dir selbst. Denn deine Landkarte – die Seele – ist nicht mehr richtig zusammengesetzt und nur noch sehr unscharf erkennbar. Diese inneren Signale wollen also darauf hindeuten, dass es durchaus einen Unterschied zwischen dem Herzgefühl und dem Bauchgefühl gibt:

Dein Bauchgefühl ist eigentlich der Sitz deiner inneren Stimme,
die wiederum deiner Seele angehört.
Und diese innere Stimme ist sich
deiner Lebensintention absolut bewusst.

Dein *Gefühl* hingegen ist eine Art Sender oder Hinweisgeber, quasi dein inneres Schulungszentrum, um all das auszugleichen, das dir zum vollen Verwirklichen und Erleben deiner Lebensintention noch im Wege steht. Es präsentiert dir dabei scheinbar immer wieder deine gefühlten Unzulänglichkeiten, Existenz- und Versagensängste. Und das auf erstaunlich kreativen Wegen, zum Beispiel als emotionales Unwohlsein, Missverständnisse, Körpersymptome oder Erfolglosigkeit. Leider missverstehen wir diese eigentlich liebevoll gemeinten, aufrüttelnden Hinweise meistens. Sie dienen nicht etwa dazu, dich aufzufordern, stärker oder resistenter „gegen" die Welt zu werden. Sondern um dich wieder durchlässig, offen und hingebungsvoller in deiner eigenen Welt zu positionieren, die dich zu unterstützen versucht, wann immer du es annehmen magst.

Die Seele selbst kennt hingegen nur eine Empfindung: nämlich, ob sie sich in innerer Stimmigkeit befindet und mit dem Außen harmoniert – oder eben nicht.

Lass einen Moment lang von dir selbst ab und geh ganz weg von deinem körperlichen Empfinden. Tauche in deine Seele ein und lass zu, vollständig zu spüren, was wirklich da ist. Vielleicht bemerkst du, dass hier einfach nur zutiefst einnehmende Ruhe und sanfte Gelöstheit herrscht. Eine Art bewegungsvolles Rauschen, das vollkommen einnehmend auf dich wirkt. Du fühlst dich, als würdest du dich in diesem Energiegeflecht weitläufig verästeln und schließlich vollkommen darin auflösen.

Innerhalb dieser Ruhe spürst du, dass dort alles vorhanden ist, was wir eigentlich als „Gefühle" beschreiben würden. Jedoch als eine Gesamtheit, sodass du die Einzelgefühle, wie wir sie kennen, *dort* nicht mehr erkennen und erfühlen kannst.

Spüre in dein Wesen hinein und du wirst vielleicht für dich selbst erkennen, was dein Inneres, deine Seele eigentlich erschaffen möchte. Eventuell ist die Antwort, die du dort finden wirst: Stimmigkeit! Denn wo wir herkommen, gibt es die menschliche Gefühlswelt nicht. Lediglich dieses eine Fühlen, das von übergeordneter, universeller Verbundenheit erzählt. Wenn alles eins ist wie in diesem wogenden Inneren deiner Seele, dann braucht es nämlich keine Gefühle, um eine Beziehung untereinander entstehen zu lassen. Auf der wesentlichen Ebene sind wir verbunden.

Unsere Seele ist der Aspekt in uns,
der stets nach Verbundenheit und Ganzheit strebt.

Auf der körperlichen Ebene sind wir getrennt, und die Seelenebene ist das intelligente Netzwerk, auf dem wir stehen. Das Herz wirkt dabei als notwendiges, äußeres verbindendes Element der Menschen. Denn Verstand und Sprache alleine würden uns niemals zu einer Gemeinschaft machen. Es ist der Kommunikator und Sender mit der Fähigkeit, Informationen auszustrahlen und Entsprechendes anzuziehen. Und um dir von deinen inneren Barrieren, die die wahre Entfaltung deines inneren Wesens noch behindern, zu berichten.

Unsere Gefühle nehmen wir also nur deshalb so intensiv wahr, weil wir sie in unterschiedlichsten Aspekten mithilfe eines Gegenübers erfahren können. Wenn dagegen alles miteinander verbunden ist, braucht es kein Gefühl, um miteinander eine Verbindung erzeugen und kommunizieren zu können. So begegnen und erfahren wir uns immer über ein spezifisches Gefühl, das uns als Körper wieder verbunden fühlen lässt. Wir resonieren ineinander. In dieser Funktion ist es erst einmal ganz gleichgültig, um welche Art von Gefühl es sich handelt.

Die deinem Herzen innewohnende Anziehungskraft hat nicht die Fähigkeit, Sinnhaftigkeit in dir zu erzeugen. Wir hören und lesen zwar immer wieder, dass wir aufgrund dieser Kraft der

TEIL 2: INTUITIVE ENTSCHEIDUNGSFINDUNG

Anziehung alles erschaffen und anziehen können, wenn wir es nur von Herzen wollen und richtig visualisieren. Doch ein entscheidender Faktor wird dabei außer Acht gelassen.

Wir haben sehr wohl die Fähigkeit, zu senden und anzuziehen, doch wir sollten zuvor testen, ob es überhaupt stimmig zu uns passt! Ansonsten können wir uns abmühen, so viel wir wollen, und das Gewünschte vielleicht sogar bekommen, doch alles, was für dich eigentlich nicht stimmig ist, wird sich beständig wehren, bei dir zu bleiben.

So tauchen vielleicht ungeahnte Schwierigkeiten auf, nichts scheint zu fließen, und womöglich investierst du viel Kraft und Energie in eine Sache, deren Energie dir konsequent versucht zu vermitteln, dass es sie eigentlich woanders hinzieht, wenn du sie gehen lässt. Die Dinge, die nicht stimmig zu dir passen, werden dir immer wieder Probleme bereiten und dich niemals wohlwollend und angenehm durchfließen können. Natürlich steht es dir frei, es auf diese Weise zu versuchen, doch ich rate dir, einfach zunächst zu testen, ob es deine Mühe auch wert ist. Denn du ahnst nicht, welch erstaunliche Tricks deine Seele auf Lager hat, um die Dinge zu dir zu bringen, die wahrlich mit ihr übereinstimmen. Sprechen dein Herz und dein inneres Wesen nämlich dieselbe Sprache, so entsteht ein ungetrübt schwingendes und großes Realisierungsvermögen in dir!

Folgt die Ausstrahlung deines Herzens
der Aussage deines inneren Wesens,
so richtest du dich vollständig
auf die Intention deiner Seele aus.

Vielleicht beginnen wir also erst einmal damit, bewusst zu unterscheiden zwischen Gefühlen und Intuition, Herz und

Seele. Sodass die womöglich noch recht zarte Stimme deines eigenen Seelenwesens wieder voller Selbstbewusstsein und stimmiger Daseinsberechtigung ihren ursprünglichen Platz einnehmen kann.

Die Funktion deiner Gefühle

Was an Gefühlsmöglichkeiten in unserem Herzen vorhanden ist, kann uns auch in der äußeren Realität begegnen. Das Herz ist eine strahlkräftige, uns innewohnende Schatzkammer, die wir mit all den ersehnten Schätzen füllen können, die wir im Leben vorfinden möchten. Es ist die realisierende Kraft, die den stimmigen Entscheidungen der inneren Stimme zu einer äußeren Form verhelfen kann. Allerdings ist es gleichzeitig sehr von deinen Gedanken abhängig und orientiert sich stark an diesen, insofern du nicht im Voraus klärst, welche deiner inneren Instanzen eigentlich den Ton angibt.

Lässt du deinen Herzensinhalt stark von deinen gedanklichen Impulsen beeinflussen, so ist er angefüllt mit sich verändernden Modeerscheinungen, kulturellen Einflüssen, gesellschaftlichen Faktoren oder Menschen, die dich momentan umgeben, bzw. deren persönliche Ansichten, und dazu noch mit einigen ursprünglichen Intentionen deines Seelenwesens. Dein Fühlen, deine Ausstrahlung und deine Anziehungskraft sind dann also abhängig von deiner momentanen Auffassung deiner Welt. Mitunter bemerkst du jedoch, wie viel du aufgrund nicht relevanter vergangener Ansichten, die heute gar nicht mehr für dich gelten müssen, in dein Leben gezogen hast.

Während sich deine Meinungen stark verändern können, ist dein Seeleninhalt dagegen von zeitloser Stimmigkeit. Das bedeutet auch, dass dich das, was du in der Vergangenheit

TEIL 2: INTUITIVE ENTSCHEIDUNGSFINDUNG

aufgrund von innerer Stimmigkeit entschieden hast, heute nicht mehr groß umtreiben wird, denn es entsprach ja deinem Innersten. Damals wie heute.

> *Was dein Herz zulässt,*
> *ist bislang von sich wandelnden Faktoren abhängig.*
> *Deine Seele hingegen sieht klar.*

Wenn dein Herz intensiv von deinem Denken geprägt ist, lässt es mitunter gewisse Dinge gar nicht erst an sich heran, die vielleicht aber stimmig gewesen wären. Ganz einfach, weil wir es uns nicht „vorstellen" können und eine gute Möglichkeit dadurch erst gar nicht wahrnehmen und erkennen. Bislang war uns vielleicht wenig bewusst, dass unser Herz auch den eigenen Ansichten und Meinungen unterliegt und nicht wirklich pur und rein aus der Seele heraus fühlen darf. Erstaunlicherweise kann es sich mitunter sogar in Formen verlieben, deren Inhalt es überhaupt nicht schätzt, oder von Dingen angezogen sein, die nur äußerlich ansprechend wirken, es jedoch nie erfüllen werden. Und so hat es gewisse Menschen vielleicht gar nicht in sich hineingelassen, nur weil diese von vornherein nicht den Vorstellungen des Denkens entsprachen.

So kannst du etwa einem Menschen begegnen, der eigentlich ein idealer Partner für dich wäre, der jedoch Aspekte mit sich bringt, die deiner Vorstellung im ersten Moment nicht wirklich entsprechen. Und so nimmst du diesen Partner – egal, ob für berufliche oder private Zwecke – erst einmal gar nicht wahr. Hättest du jedoch mit deiner inneren Wahrnehmungsgabe, also mithilfe deines Seelenaspektes, hingesehen, hättest du das andere Wesen auch in der Tiefe erkennen können. Und so verpasst du vielleicht Momente mit Menschen, die so tief gehen, dass alles Äußere verblasst.

ENTSCHEIDUNGEN DER SEELE

Möchtest du also verstärkt nach deiner inneren Stimme leben, solltest du darauf achten, dass Herz und Seele den richtigen Blickwinkel eingenommen haben und miteinander dasselbe erfahren und spüren können. Nur dann können wir das anziehen und zu gelebter Erfahrung machen, was in unserem Seelenwesen als Grundinformation vorhanden ist. Andernfalls bekommen wir eben nur das, was wir gerade haben wollen. Hier agierst du allerdings ohne das Mitspracherecht deiner Seele.

Jedoch wehrt sich dein Herz meist gegen „störende" gedankliche Annahmen, denn es möchte ja wieder im Einklang mit deinem Inneren schwingen können. Dein inneres Wesen kennt keine Eifersucht, Wut, Trauer, Hass oder ähnliche Gefühle. Diese Emotionen tauchen in dir auf, um dich wieder zur Vervollständigung deines eigenen Fühlens zu bewegen, und sie deuten auf einen tiefer liegenden Mangel hin. Einer Lücke in deinem Herzen. Denn dieses kann nur dann die Blaupause deines Seelenwesens in sich einspeichern und in die Welt senden, wenn es vollständig angefüllt ist. Jedes schlechte Gefühl weist dabei im Grunde auf einen blinden Fleck hin, der sichtbar gemacht werden will, damit auch diese Stelle mit wesenseigener Information gefüllt werden kann. Das Herz zieht also Lektionen an, um Barrieren zu lösen, die dem Weg der Seele noch hinderlich sind.

Versetze dich zur Veranschaulichung einen Augenblick in ein tief emotionales Drama hinein. Kennst du den Moment, da du inmitten des Dramas mit einem Mal aus diesem „Spiel" aufwachst, deine Tränen plötzlich stoppen und jetzt tiefste Ruhe in dir aufsteigt? Wenn dein innerer Schmerz urplötzlich einem klar fassbaren Gefühl tiefster innerer Ruhe und Bewusstheit Platz macht? Genau dies ist der Ort, an den dich dieses Trauergefühl wieder bringen wollte. Hin zu deinem inneren Wesen.

TEIL 2: INTUITIVE ENTSCHEIDUNGSFINDUNG

*Sobald das Herz angefüllt ist,
lässt das hinweisende Gefühl los
und bewegt sich ins Körperzentrum hinein.
Du schwingst dann in deiner Mitte im Einklang
mit deiner wesenseigenen Struktur.*

Ein einfacher Weg, sich beim Aufwallen solcher Emotionen schnell wieder erleichtern zu können, ist, sich bewusst in das eigene Wesen hineinzufühlen, bevor diese Emotionen sich verstärken können und wir unsere Umgebung wieder durch diese Emotionen angreifen müssen. Dieses tiefe Empfinden lässt dich nämlich schnell wieder den größeren Zusammenhang erspüren und erkennen, dass wir dieses wunderbare Dasein mit guten Gefühlen, wohlwollenden Intentionen und den unserem Wesen gerechten Dingen erleben dürfen.

Spürst du dich öfter in dieses innere Wesen hinein, wirst du dich wahrscheinlich auch sehr viel weniger genervt fühlen und dich auch nicht mehr schnell aufregen. Parallel dazu wirst du auch bemerken, dass du immer stärker spüren kannst, wenn du Dinge tust, die nicht stimmig sind. Du wirst Unstimmiges deutlicher als unangenehm spüren und das starke Bedürfnis haben, erst einmal dieses Gefühl zu bereinigen.

Auf diese Weise immer wieder bewusst in deine eigene Seele einzutauchen, erschafft eine ganz neue Art von Stärke in dir. Eine Stärke ohne innere Verhärtung und ohne Kampf gegen dich selbst, und vor allem: ohne den Verlust der unglaublich wertvollen Fähigkeit zur Hingabe an genau das Richtige in deinem Leben.

Es führt also kein Weg daran vorbei, deine eigene Verantwortung für dein Fühlen zu übernehmen. Nur so begibst du dich in die Position, wirklich Deines erkennen und leben zu können.

ENTSCHEIDUNGEN DER SEELE

Jeder Versuch, etwas aus dir selbst zu machen, das du nicht bist, endet darin, dass du dein eigenes Herz kaum noch fühlen kannst. Mit jedem Schritt, der nicht aus deinem heilen Herzen kommt, beschwerst du es ein wenig mehr, sodass es irgendwann nicht mehr zu dir durchdringen kann.

So führen dich Entscheidungen, die deiner Seele entsprechen, vielleicht zu einem Partner, Kollegen oder auch einer Situation, die du im ersten Moment einmal nur als absolut stimmig erkennst, obwohl sich deine Gefühle noch nicht dafür öffnen, weil er oder sie vielleicht Aspekte an sich hat, die du für dich nie in Betracht gezogen hättest. Doch wenn du dich auf solche Situationen einlässt, führen sie dich allumfassend und tiefer in dein Zentrum, als du es je geahnt hättest. Sie haben nämlich die Fähigkeit, dich an einem Ort zu berühren, den ich deinen „Urpunkt" nenne. Es ist der tiefste Punkt deiner Seele. Der dich, wenn ihn jemand betritt, in einen Zustand versetzt, indem du einfach nur noch frei von allen Konventionen von deiner eigenen Wahrheit berichten möchtest. In dieser Verbindung kann alles ausgesprochen werden, ohne dass es zu Herzensverletzungen führen kann. In Form von vollständig ehrlicher Herzensenergie.

TEIL 2: INTUITIVE ENTSCHEIDUNGSFINDUNG

Entscheidungssysteme

In diesem Kapitel möchte ich dir verschiedene Entscheidungssysteme vorstellen, nach denen ich selbst seit vielen Jahren schlüssige Entscheidungen treffe. Sie haben sich über die Zeit hinweg als äußerst hilfreich erwiesen, sowohl in „kleinen" Angelegenheiten wie auch im vermeintlich Großen, sowohl in Gefühls- als auch „Harte-Fakten"-Fragen. Ob bei der Entwicklung unserer Selbstständigkeit im Beruf, in Beziehungsfragen oder alltäglichen Kleinigkeiten.

Es sind unterschiedliche Systeme, die die Stimmigkeit möglicher Optionen wirksam testen können. Aber sie haben immer dasselbe Ziel: Deutlich und klar die Stimmigkeit einer Option in Bezug auf eine von dir selbst formulierte Frage anzuzeigen. Mit diesen Entscheidungssystemen verbildlichst du dir die innere Antwort auf deine Fragen.

Dabei gibt es Testsysteme, die Wie-Fragen aufzeigen können, und andere, die einfach nur die Grundfrage mit Ja/Nein beantworten. Je nachdem, welche Frage du stellen möchtest, solltest du zunächst das passende System zu deren Beantwortung auswählen.

Dazu solltest du zunächst wirksame Systeme in dir installieren, und zwar schon bevor du sie benötigst, sodass sie im Bedarfsfall auf ganz einfache, unbekümmerte und leichte Art und Weise in deinen Alltag einfließen und dort jederzeit hilfreich angewandt werden können. Wie das geht, erfährst du ebenfalls in diesem Kapitel.

Entscheide ganz für dich selbst.
Und: Prüfe deine innere Ganzheit,
bevor du Entscheidungen triffst.

Versuche jedoch nicht, dich in Situationen zu entscheiden, in denen du dich unwohl fühlst und innerlich ahnst, dass sich etwas in deinem Feld nicht in der stimmigen Ordnung befindet. Auch wenn es bedeutet, erneut einen Extraschritt zur inneren Ganzheit gehen zu müssen. Sei dir gewiss, an anderer Stelle wird dir diese zusätzliche Handlung wieder Kräfteersparnis einbringen.

Die energetische Richtungsangabe

Bevor du dich aber entscheidest, solltest du dir erst einmal wieder einige Dinge bewusst machen. Es ist das eine, eine stimmige Entscheidung zu treffen, doch ist es ebenso wichtig, was du anschließend aus dieser neu gewonnen Erkenntnis machst. Denn für welchen Weg du dich auch entscheidest – oder auch wenn du dich gar nicht entscheidest –, du sendest immer entsprechende Informationen aus. Und diese gestalten deinen Lebensweg zuverlässig. Denn Entscheidungen sind nicht nur gedankliche Festlegungen, sie sind vor allem auch energetische Richtungsangaben.

Überdenkst du ab und an getroffene Entscheidungen? Oder hast du bereits verworfene Optionen im Nachhinein nochmals überdacht und dich gefragt, ob da eventuell doch eine bessere Lösung gewesen wäre?

Die meisten Menschen wiederholen bereits getroffene Entscheidungsprozesse immer und immer wieder. Irgendwie scheint es in unserer Natur zu liegen, unserem „alten" Ich nicht so ganz zu trauen und lieber noch einmal nachzutesten. Wenn dir auffällt, dass du einen bereits getroffenen Entschluss nochmals überdenkst, liegt das daran, dass du dich nie ganz für oder gegen diese Option entschieden hast. Diese ungeklärten Situationen erschöpfen dich und deinen Energiehaushalt.

TEIL 2: INTUITIVE ENTSCHEIDUNGSFINDUNG

*In vielen Lebenssituationen
haben wir uns nur äußerlich für etwas entschieden,
innerlich aber nie ganz darauf eingelassen.*

Jede Entscheidung, die du nur halbherzig getroffen hast, wird nicht nur von dir selbst, sondern auch von allen Beteiligten immer wieder mal infrage gestellt werden. Verwirrenderweise ist dabei meist nicht offensichtlich erkennbar, dass der aufkommende Unmut eigentlich daher rührt, dass kein eindeutiger Entschluss getroffen wurde und du dich somit in dieser Angelegenheit von vornherein nicht klar positioniert hattest.

Hast du dich beispielsweise nur halbherzig für eine Beziehung entschieden, so kann es durchaus passieren, dass dir dein Partner mit scheinbar unbegründetem Misstrauen begegnet – ganz unabhängig von dem, was du an äußerlichem Verhalten von dir zeigen magst. Er spürt eben auf Seelenebene, wie deine wahre Stellungnahme zu eurer Beziehung aussieht. „Wartepositionen" erhalten von dir niemals die Energie, um sich in dir wirklich zur Ruhe begeben zu können und in einer Situation angekommen zu sein. Dasselbe gilt natürlich für deinen Beruf. Fühlst du dich nur als „Durchlaufposten" besetzt und schielst eher in Richtung einer anderen Position oder Stelle, so kannst du deinen aktuellen Ort auch energetisch nie ganz ausfüllen. Denn selbst wenn du eigentlich eine andere Richtung einschlagen möchtest, kennt deine Energie nur den jetzigen Zeitpunkt und merkt, ob du diesen nutzt und dich vollständig hineingibst. In all diesen Fällen zeigt deine Energieverteilung genau an, dass du nur „fast" bei der Sache bist, und dann kann es auch nicht „ganz" gut werden!

Ebenso verhält es sich, wenn du dich in eine innere Schutzposition begeben hast. Nicht nur in Bezug auf die Beziehungen, für die du dich nicht wirklich entschieden hast, verwehrst du dir die Möglichkeit zu wahrer Hingabefähigkeit, sondern das passiert auch bei Beziehungen, die du mit dem Hintergedanken *nicht verletzt werden zu wollen*, eingegangen bist. Du wirst auf diese Weise nämlich gar nicht erst in der Lage sein, deren wahre Qualität vollständig zu erfahren. Wenn du aus einem Schutzbedürfnis heraus handelst, so werden dieser Gedanke und diese Energie immer zwischen dir und der Tätigkeit oder dem jeweiligen Menschen stehen. So kann kein authentischer, freier Energiefluss entstehen.

Natürlich steht es dir frei, mit deiner Energie umzugehen, wie es dir selbst stimmig erscheint; doch eine solche Art der Entscheidung ist im Grunde eine starke Aufspaltung deiner wundervollen Lebensenergie.

> *Eine Entscheidung ist getroffen,*
> *wenn du deine Energie gebündelt in eine Richtung sendest*
> *und den Dingen somit die Möglichkeit gibst,*
> *sich tatsächlich zu entwickeln.*

Das heißt nicht, dass du dich dieser Sache für immer verschreiben musst. Lediglich für *diesen Moment* solltest du der Energie der getroffenen Entscheidung die Möglichkeit geben, sich vollständig auszubreiten. Erst dann machst du aus zwei Energien ein neues Ganzes und kannst erfühlen, ob es im Alltag wirklich zu dir passt.

Eine innerlich vollständig abgesegnete und angenommene Entscheidung schlägt sehr hohe Wellen, die wiederum mit ganz bestimmten anderen Energiewellen übereinstimmen, harmonieren und kraftvoll zu strömen beginnen. Sobald du dich ganz, also mit all deinen Energieteilchen, in Gedanken und in deinem Gefühl für etwas entschieden hast, sendest du

TEIL 2: INTUITIVE ENTSCHEIDUNGSFINDUNG

deine Energie und Aufmerksamkeit auch vollständig in diese Richtung. Das bedeutet, du bekommst viel mehr von dem zurück, wofür du dich entschieden hast.

Es generieren sich also augenblicklich viele neue Wegbeziehungen, wenn du dich ganz *für* etwas entschieden hast. Aber ebenso, wenn du dich klar *gegen* etwas ausgesprochen hast, das du als nicht stimmig getestet hast. Dies führt dazu, dass du einem anderen Gedanken und einer anderen Energie Platz machst, zu der diese bestimmte Entscheidungsoption viel stimmiger passt. Sich deutlich gegen etwas zu entscheiden, schafft ein wenig mehr innere Klarheit. Machst du auf diese Weise Platz für Neues, so ist die Einladung bereits ausgesprochen. Keine zu vergebende Position deines Lebens wird lange unbesetzt bleiben, wenn du sie innerlich vollständig freigibst und diesen befreienden Entschluss mit einem wohlwollenden Gefühl versiehst. Die Entscheidung ist dann gefallen. Du hast die Weichen klar gestellt, wodurch deine Energie ungehindert in einer nicht unterbrochenen Linie weiterfließen kann. Durch eine klare Ja- oder Nein-Entscheidung stellst du immer die Weichen für den Fluss deiner Energie.

Erst wenn du dich aber vollständig für etwas entschieden hast, tauchen wieder neue spannende Beziehungen auf deinem Weg auf. Augenblicklich tun sich neue Türen auf und du kannst wieder in dich einfühlen, durch welche du hindurchgehen möchtest.

Solange du dich jedoch in womöglich mehreren unentschiedenen Situationen befindest, teilt sich der Fluss deiner Energie in viele kleinere Verästelungen auf und gibt keiner Richtung so recht die Kraft und Qualität, die sie zur Umsetzung im Leben bräuchte.

ENTSCHEIDUNGSSYSTEME

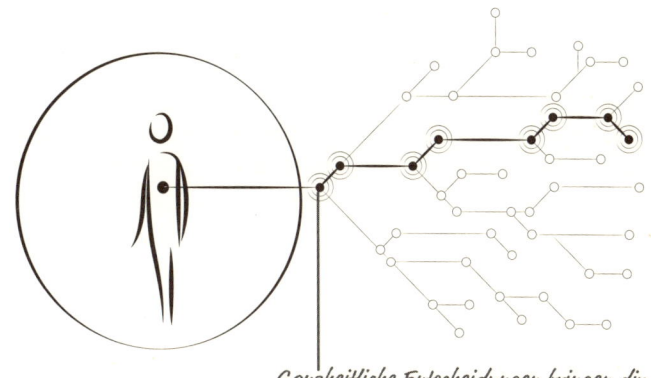

Ganzheitliche Entscheidungen bringen dir immer mehr stimmige Situationen.

Auch wenn deine innere Stimme anfangs vielleicht noch recht zarte Auskünfte gibt, ändert sich das schnell, sobald du regelmäßig auch nach deren Hinweisen handelst. Es ist der schnellste Weg, um einen stabilen Kontakt zu deinem Innern zu schaffen. Wenn du jedoch immer und immer wieder dein Inneres nach Antworten befragst und anschließend nur selten danach handelst, wird es dir irgendwann seine Aussage verweigern und sich einen anderen Weg des Ausdrucks suchen müssen!

Der schnellste Weg,
um eine stabile Verbindung zu deinem Seelenwesen aufzubauen,
ist, auch nach dessen Hinweisen zu handeln.

Entscheidungen können jedoch auch auf einen späteren Zeitpunkt verschoben werden. Triffst du auf eine Frage, bei der du momentan keine intuitive Antwort ausmachen kannst, so stelle die Frage, ob die Entscheidung erst zu

TEIL 2: INTUITIVE ENTSCHEIDUNGSFINDUNG

einem späteren Zeitpunkt getroffen werden soll. Ob das Vorhaben, das du in dir bewegst und zu erfühlen versuchst, vielleicht im Augenblick noch nicht ansteht oder du erst noch mehr Informationen sammeln musst, bis deine innerste Intention ganz klar ist. Denn manchmal zeigt sich dir auch gar keine Antwort. Versuche dann dieser fehlenden Antwort auf den Grund zu gehen, indem du sie mithilfe anderer Gesichtspunkte noch einmal abfragst. Ansonsten stellst du einfach die Frage: „Option zu einem anderen Zeitpunkt auf ihre Stimmigkeit hin prüfen?"

Außerdem kann es vorkommen, dass du einfach noch nicht bereit bist, ein für stimmig befundenes Ergebnis auch wirklich zu leben. Weil es dir möglicherweise noch Angst bereitet oder du genau weißt, dass es dich erst einmal in eine schmerzliche Situation führen würde. Und dazu bist du im Herzen vielleicht noch nicht bereit.

Hier bist du natürlich nicht dazu gezwungen, ein inneres, als stimmig erkanntes Testergebnis anzunehmen. Kein Schubsen, Stoßen oder Drängen deiner Welt wird dich dazu bringen können, ganzheitliche Entscheidungen zu treffen. Jeder von außen getriebene Entschluss wird nicht dauerhaft in deinem Inneren Bestand haben können. So zum Beispiel Entscheidungen, die du aufgrund des Drängens deines Partners oder deiner Freunde getroffen hast, die vielleicht sogar stimmig sein mögen, doch eben noch keine wahren Wurzeln in dir gefunden haben. Und manchmal nehmen wir unsere eigene innere Stimme als eine sehr befremdlich anmutende wahr, wenn sie uns zu Schritten rät, die uns vielleicht erst einmal Existenzängste oder Kummer bereiten würden.

Über die Zeit hinweg und durch vielerlei Erfahrungen wirst du aber feststellen, dass dir diese inneren Wege stets optimal zuträglich sind. Sie wollen dich nicht geißeln oder zu etwas drängen, wozu du eventuell noch nicht bereit bist. Denn erst, wenn es zu deinem eigenen Bestreben geworden ist, nach dieser inneren Entscheidung zu handeln, wird auch dein Herz seine Ängste loslassen können und zielgerichtet auf das zustreben, was dich wirklich erfüllt. Sobald du dich stärker auf dein inneres Wesen fokussierst als auf deine Person, werden allgemein einige persönliche Eigenschaften in den Hintergrund treten und vielleicht sogar verblassen, darunter auch alte Ängste.

Auf keinen Fall jedoch solltest du das getestete Ergebnis einfach unterdrücken. Daraufhin nimmt dein Inneres nämlich an, du hättest das Ergebnis gar nicht verstanden, und wird andere Wege finden, um dir etwas „nachdrücklicher" zu zeigen, was es dir eigentlich sagen wollte ...

Alternativ könntest du einfach vereinbaren: „Ich habe das Testergebnis wahrgenommen, stelle es jedoch noch zurück, da ich noch nicht bereit bin, es gedanklich und physisch in mein Leben zu integrieren und umzusetzen. Ich werde dieses Ergebnis nicht unterdrücken, ich bin lediglich noch nicht bereit für dessen weltliche Auswirkung."

Wenn du die Dinge freilässt,
bewegen sie sich immer von selbst und zu sich selbst.

Die innere Struktur jeder Wesenheit und deren stimmige äußere Entsprechung ziehen sich permanent gegenseitig an und finden erst Entspannung, wenn sie sich wie zwei Puzzleteile zueinanderfügen dürfen. Gedanken der Suche und Gefühle der Unruhe lassen dann von dir ab.

Stimmiges hat die Fähigkeit, vom einen zum nächsten zu führen. Stimmige Entscheidungen verhalten sich im Gegen-

TEIL 2: INTUITIVE ENTSCHEIDUNGSFINDUNG

satz zu Verstandesentscheidungen interessanterweise nicht eindimensional. Es werden immer verschiedene Aspekte miteinander verquickt, die du vorher gar nicht in Betracht ziehen konntest. Vielleicht siehst du dir zum Beispiel eine neue Wohnung an und lernst dabei „zufällig" einen neuen Arbeitgeber oder Kunden kennen. Zu vielen Gelegenheiten macht gelebte Stimmigkeit einfach nur sprachlos, weil alles so spielerisch und auf ganz andere Weise „logisch" geschieht. Es fühlt sich beinahe an, als wäre es ganz selbstverständlich, zur richtigen Zeit am richtigen Ort zu sein. Vergiss dabei jedoch nie, dass es natürlich trotzdem an dir liegt, mit den Menschen in Kontakt zu treten und wenn nötig die Initiative für neue Unternehmungen zu ergreifen.

Bevor wir diese wahrhaft schwingende Welt wieder zu unserer eigenen entwickeln können, müssen wir unser Gespür für innere Stimmigkeit schulen und zum stärksten inneren Instrument machen, das heißt nichts anderes, als sich selbst vertrauen und sein eigener bester Freund und Ratgeber werden.

> *Wenn sich mit einem Mal alles zueinanderfügt*
> *und sich übereinstimmende Dinge treffen,*
> *ist das die Begegnung mit Synchronizität.*
> *Ausgelöst durch stimmige Entscheidungen.*

So könnte es deine erste ganzheitliche Entscheidung sein, deiner inneren Stimme wieder die Kompetenz zu übertragen, die sie naturgegeben in sich trägt. Ihr zu glauben, dass sie die Grundlage deiner Orientierung im Leben ist. Entscheide dich für Achtsamkeit gegenüber deinem inneren Wesen und dessen Intention. Entscheide dich dafür, das zu tun, wofür du hierhergekommen bist. Entscheide dich dafür, keine überflüssigen Worte mehr zu verwenden, wenn du weißt, dass das, was du durch deine Ausstrahlung ausdrückst, das mächtigste Kommunikationsmittel überhaupt ist. Entscheide dich dafür, mit Sanftmut die Dinge zu verwirklichen, die dir wirklich entsprechen.

Wenn du es denn so möchtest.

Entscheidungssystem 1:
Stimmigkeit – für Allgemeinthemen

Am liebsten wäre uns ein System, das uns ohne Umschweife ein klares „Ja" oder „Nein" präsentieren und dabei alle Aspekte unseres Lebens miteinbeziehen würde.

Da aber „Ja" oder „Nein" an und für sich keine Bedeutung haben und sich eher recht unbeweglich und starr anfühlen, rate ich dir, diese Begriffe durch „stimmig" (oder eben „unstimmig") zu ersetzen. Dein Fühlen kann damit nämlich viel mehr anfangen. Wir sollten versuchen, Fragen möglichst durch bewegliche Systeme zu beantworten und weniger durch ein unflexibles Ja oder Nein. Denn Entscheidungen sollten keine Grenzsituation für dich darstellen, sondern dich fließend und angenehm in eine ausgewählte Richtung weiterleiten.

Dabei gibt es verschiedene Varianten der Fragestellung, die dir die Möglichkeit eröffnen, wirklich in die zu testende Situation hinein zu fühlen. Bestimmte Fragestellungen wiederum entfernen dich weiter von dem, was du herausfinden möchtest.

Fragst du beispielsweise: „Sollte ich dieses oder jenes tun?" oder „Soll ich das wirklich machen?", holst du das zu entscheidende Thema nicht in dein Inneres hinein. Doch die jeweilige Option muss dein Inneres erreichen, damit du stimmig erkennen kannst, was wirklich passt! Spürst du in die eben

TEIL 2: INTUITIVE ENTSCHEIDUNGSFINDUNG

genannten Fragen „soll ich ... oder soll ich nicht" hinein, so merkst du, dass es deine Wahrnehmung viel eher ins Außen zieht, also von dir selber weg, nicht in dich hinein – und so entfernst du dich auch von deiner Intuition, die der eigentliche Antwortgeber wäre.

Die Frage „Wie *fühlt* sich diese Entscheidung bzw. Option an?" hingegen zieht deine Aufmerksamkeit in dein Inneres und du beginnst die Situation in dir „abzuwägen". Das bedeutet, du kannst sie hier schwingend in dir pendeln lassen, bis sie beim richtigen Ergebnis zur Ruhe kommt. Diese Art von Frage kann nur schlecht mit einem „Ja" oder „Nein" beantwortet werden. Viel leichter fällt es dir, sie als „stimmig" oder „nicht stimmig" zu empfinden.

Was uns dabei nochmals bewusst sein sollte ist, dass „stimmig" nur für die Verbildlichung zweier Energien steht, die wunderbar miteinander schwingen. Es ist also das Abbild der Energiestruktur deines möglichen Entschlusses, den du fokussiert hast, in Bezug auf die Struktur deines inneren Wesens.

Doch wie erkennt man nun dieses Stimmigkeitsgefühl und wie kann man es von Herzensempfindungen unterscheiden, auf die doch sonst so viel Wert gelegt wird, im Sinne von „höre auf dein Herz"?

In einem ersten Schritt empfehle ich dir, genau zu definieren, wie sich eine stimmige Konstellation in deinem Inneren anfühlt. Du prägst dabei im Grunde deinen Verstand so, dass er auf eine passende innere Konstellation mit dem Begriff „stimmig" reagiert.

Zuvor sollten wir noch klären, was eigentlich das Gegenteil der Antwort „stimmig" sein sollte. Falls sich eine Entscheidungsoption als „unstimmig" in deinem Bauchgefühl, also in deiner Intuition, darstellt, so bedeutet dies, dass dein Wesen und die Option nicht wirklich vereinbar sind. Also zusammen kein ungehindert fließendes Ganzes bilden können.

Sei dir immer liebevoll bewusst,
dass „unstimmig" dir den eindeutigen Hinweis darauf gibt,
dass es „eine andere stimmige Option"
für diese Entscheidung gibt!

Wie du vielleicht jetzt schon vermuten magst, ist Unstimmigkeit nämlich nicht das Gegenteil von Stimmigkeit. Vielmehr stecken hinter „unstimmig" alle anderen Möglichkeiten, die aber eben kein passendes Puzzleteilchen für dich als Ganzes sein können. Die beiden Testergebnisse „stimmig" oder „unstimmig" können sogar sehr nahe beieinander liegen und doch kann nur eines der beiden exakt stimmen und das andere eben nicht. Keine Sorge, du wirst es genau spüren lernen.

Denn die eine Option führt zu einem Empfinden völliger Ruhe und Tiefe und signalisiert dir ein Ende deiner inneren Suche. Das andere wiederum will und will einfach nicht so recht von selbst in dir andocken und hält in deinen Gedanken die Ahnung aufrecht, dass es sich doch irgendwann einfach ablösen könnte, wenn du es für einen Moment nicht richtig festhältst.

Bevor du beginnst, intuitive Entscheidungen für dich auszutesten, solltest du in dir zunächst ein klares Gefühl zu „stimmig" und „unstimmig" abspeichern, sodass du diese in Zukunft deutlich und schnell voneinander unterscheiden kannst. Denn das ist einer der faszinierenden Vorteile von intuitiven Entscheidungen: Einmal in deinem System installiert, geht es von nun an sehr schnell, sich zu entscheiden. Dann kannst du deine Energie eher in Überlegungen inves-

TEIL 2: INTUITIVE ENTSCHEIDUNGSFINDUNG

tieren, schlüssige und stimmige Alternativen zu unstimmigen Ergebnissen zu finden. Und vor allem deine Gefühle diesen getesteten Ergebnissen anzugleichen, damit du auch das dementsprechend Stimmige anziehen kannst und unstimmige Gedanken aus deinem Energiesystem entfernst.

Noch etwas: Wenn du beginnst, nach innerer Stimmigkeit zu entscheiden, findest du dich natürlich nicht mehr nur in sicher gewähnten Situationen, die dein Herzempfinden ausgewählt hätte. Sie wird dich eben auch zu Umständen bringen, durch die du sehr schnell bemerkst, dass du in deinem Herzen noch einige ungelöste Mechanismen verankert hast.
    So ist es höchste Zeit, diese zu entdecken und zu lösen. Stimmige Entscheidungen geben dir so die Chance, zu Dingen zu finden, die wahrlich zu dir passen, und zugleich deine noch ausstehenden Gefühlsbarrieren zu bereinigen, sodass du letztendlich dein „Herz" immer mehr dazu befähigst, weitere stimmig zu dir passende Menschen, Dinge oder Situationen anzuziehen.

Übung: Installiere Stimmigkeit

Schließe deine Augen und verschiebe dein Wahrnehmungszentrum wieder sanft vom Bereich deines Kopfes hin zu deiner eigenen Mitte, an den Ort deiner wesenseigenen Intuition. Von hier aus wirken die Informationen deines Seelenwesens durch deinen Körper hindurch über deine sichtbare Umgebung hinweg und weiter in deine Welt hinein. Alles ist geprägt von deinem spezifischen Seelencode. Dein Körper, deine Organe, dein Herz, jeder Bereich deines feinstofflichen Körpers weiß von diesen Informationen und passt sich diesen an, sobald sie von ihm durchdrungen werden.

Die Antworten deiner inneren Stimme werden für dich im Bereich deines Ankerpunktes im Körper fühlbar und steigen später als Wortbild erkennbar in dir auf. Sodass die Ergebnisse als Wort in deinen Gedanken angezeigt und verstanden werden können.

Wie fühlt sich für dich Stimmigkeit an?
Zunächst einmal solltest du definieren, wie sich dein Stimmigkeits-Empfinden anfühlt oder vielleicht aussieht. Fühle in dich hinein und halte währenddessen das Wort „stimmig" vor deinem inneren Auge. Hierdurch verknüpfst du dein Fühlen mit dem entsprechenden Begriff, sodass du bei künftigen Testungen nur noch kurz hinspüren musst und diesen Begriff sofort gedanklich angezeigt bekommst.

Tauche in deine ganz persönliche Stimmigkeit ein. Alle Umstände und Konstellationen, die für dich stimmen, schwingen absolut harmonisch mit dir. Sie fließen in sanften Wellen durch deinen Körper, ohne auf abwehrende Hindernisse zu treffen. Hin zu deinem Innersten, das sich augenblicklich voller Sehnsucht für diese Dinge einladend öffnet. Sie haben die einzigartige Fähigkeit, dein Zentrum, deinen Urpunkt zu berühren und zu öffnen, um anschließend ganz tief in dich hinein zu sinken. Sie dürfen ungehindert in dich eintauchen und ihre Energie in dir ausbreiten. Es existieren hierbei keine inneren Barrieren, die diese spezifische Energie hindern, mit dir in Kontakt zu treten und mit dir eins zu werden. Dieser Vorgang entspricht deinem Wesen und lässt dich mit sanfter, doch gleichzeitig bestimmter Kraft strahlen und voller Sicherheit in dir ruhen.

Zwei Schwingungen, die sich stimmig beggenen, können so in Einklang miteinander schwingen, dass sie sich nicht um die Klärung und gegenseitige Anpassung der eigenen Ener-

TEIL 2: INTUITIVE ENTSCHEIDUNGSFINDUNG

gie kümmern müssen, sondern in gemeinsamer Kraft in eine Richtung streben, um wiederum stimmiges Neues entstehen lassen zu können. Es fließt einfach. Voller Wohlwollen und Hingabe, Verbindung und Gemeinsamkeit.

Wenn wir uns nicht mehr gegenseitig ansehen müssen, um zu klären, was zwischen uns steht, nämlich der Raum, dann können wir uns Seite an Seite berühren und dorthin blicken, wo wir unsere Energie eigentlich hinsenden wollen.

So lässt dein Wesen alles stimmig zu dir Passende nicht nur tief in sich hineinströmen, sondern dehnt sich in Reaktion auf das Zusammenführen dieser beiden Energiestrukturen auch mit voller Kraft nach außen hin aus. Deine Ausstrahlung intensiviert sich, deine Seele befindet sich in Übereinstimmung mit dem, was ihr begegnet. Du beginnst zu leuchten.

Schwinge einige Zeit in diesem Gefühl, das nun in dir ausgelöst wurde. Spüre die wellenartige, nach außen strebende Bewegung deiner eigenen Stimmigkeit, immer wieder von deinem Urpunkt aus beginnend. Halte dieses Gefühl so lange, bis es von selbst in dir weiterschwingt, auch ohne dass du den Impuls dafür gibst. Wiederholst du diese Übung eine Zeit lang täglich, so wirst du sehr schnell und sehr deutlich stimmige Optionen ausmachen können!

Wie fühlt sich für dich Unstimmigkeit an?
Das Gefühl von „Unstimmigkeit" hingegen ist eher eine Umlenkung deiner momentanen Aufmerksamkeitsausrichtung. Deine Intuition will dich durch einen Hinweis auf Unstimmigkeit dazu bringen, deinen Gedanken- und Gefühlsströmungen eine neue Richtung zu geben. Ebenso wenig wie ein „Nein", existiert auch nicht wirklich eine Form von „unstimmig". Lediglich der Hinweis, dass dies keine mögliche gute Option für dich darstellt.

Fühle dich dennoch einen Moment in den Begriff „unstimmig" hinein und halte den Begriff wieder präsent vor deinem inneren Auge, um dir auch dieses Empfinden gedanklich einzuprägen.

Schwingt eine Situation, eine Sache nicht harmonisch mit deinem Wesen und dessen Intentionen, so fühlt es sich an, als gäbe es eine unsichtbare Barriere zwischen deinem Urpunkt und der Sache, die du in Gedanken festhältst. Sie hat dann nicht die Fähigkeit, so tief in dich einzutauchen, um dich zum Schwingen und Aussenden zu bringen. Es ist vielmehr wie ein Suchen nach einem Kanal in dein Inneres. Diese Energie bleibt meist etwa auf Kehlkopf- oder Brusthöhe stecken, sodass sie in der Folge gar nicht wirklich ausgedrückt werden kann, was dann mit einem Gefühl innerer Unruhe, Getriebenheit und Unsicherheit einhergeht. Der Grund ist, dass hierbei das Gefühl tiefen Berührtseins nicht entstehen kann. Alles, was nicht wirklich zu dir passt, kollidiert in einer Weise mit deiner wesenseigenen Intention, sodass es das innere Empfinden deines „Ichs" immer mehr dämpft. Wenn das zu lange anhält, lässt es dich fahl, träge und stumpf fühlen und dementsprechend ausstrahlen. Eine Beziehung mit nicht stimmigen Dingen verstärkt deine eigene Kraft und Energie nicht, sondern lässt dich ungeduldig hektisch und flach werden und dabei immer mehr an innerer Stärke verlieren.

Bleibe wieder eine Weile in desem Gefühl, bis du es klar als „unstimmig" abgespeichert hast, um es immer wieder erfassen zu können.

Sobald du dich wieder in Beziehung zu Stimmigem begibst, verstärken sich dein eigenes Empfinden und deine Kraft jedoch wieder, und dein wesenseigenes Strahlen nimmt gleichermaßen zu.

TEIL 2: INTUITIVE ENTSCHEIDUNGSFINDUNG

Übung:
Teste Optionen auf ihre Stimmigkeit

Da du nun ein klares Verständnis zu Stimmigkeit aufbauen konntest, bist du in der Lage, mit deinem ersten Testsystem deine Fragen von innen heraus beantworten zu lassen.

Stelle zunächst sicher, dass du eine schlüssige Verbindung zwischen deinem Urpunkt und dem Verstand hergestellt und dir gegenüber eine von innen heraus betrachtende, vorurteilslose Position eingenommen hast.

Nimm anschließend eine Frage in dein Bewusstsein – beginne bitte mit einer einfachen Frage, deren Antwort kein allzu großes Gewicht trägt – und fühle dich in die Wesenheit dieser Sache, Situation oder des Menschen hinein. Lass dieses Gefühl in dein Zentrum fließen und beobachte, welches Wortgefühl in dir auftaucht. Nimm wahr, ob die Antwort „stimmig" oder „unstimmig" ist.

Testet die innere Antwort „stimmig", so kannst du weitere, detailliertere Fragen in die entsprechende Richtung stellen, bis du ausreichend genaue Informationen hast, um zu handeln.

Taucht durch deine Frage jedoch ein „unstimmig" in dir auf, so fokussiere dich darauf, die „andere stimmige Option" zu finden, und entlasse die gestellte Möglichkeit gezielt aus deinem Optionenkatalog. Und das vollständig.

Wiederhole diese Testung, so oft es dir Freude bereitet, um ein wenig zu üben. Geh am besten durch verschiedene Bereiche deines Lebens und teste dort unterschiedliche gegebene oder zukünftige Szenarien hinsichtlich ihrer Stimmigkeit. Wenn du möchtest, kannst du auch vergangene Überlegungen auf ihre Stimmigkeit hin testen. Auch wenn du die Ergebnisse bereits kennst, kannst du dabei ihre innere Struktur nochmals nachvollziehen.

ENTSCHEIDUNGSSYSTEME

> ## Zusammenfassung
>
> 1. Sorge für innere Ganzheit.
> 2. Begib dich in eine vorurteilslose, beobachtende Rolle.
> 3. Nimm eine Entscheidungsoption in dein Bewusstsein.
> 4. Verschiebe sie in dein Wahrnehmungszentrum.
> 5. Lass dir die entsprechende Antwort von „stimmig" oder „unstimmig" anzeigen.

Du siehst also, wie schnell und effektiv die Testungen nach innerer Stimmigkeit verlaufen können. Die Antworten stehen quasi zur Abholung bereit.

Wenn du dich anfangs noch unsicher fühlst, deinen Eingebungen im Alltag wirklich zu folgen, kannst du zunächst auch eine Art Tagebuch deiner Testungen führen, um diese eine Weile später mit den tatsächlichen Entwicklungen zu vergleichen.

Sei dir jedoch dessen bewusst, dass Entschlüsse nach Stimmigkeit nicht „einspurig" verlaufen. Sie können ganz verschiedene Aspekte gleichzeitig miteinbeziehen und zu unfassbar schönen „zufälligen" Begegnungen und Entwicklungen führen.

Entscheidungssystem 2:
Grad der Stimmigkeit – *für konkret fassbare Themen*

In den meisten Situationen interessiert es dich jedoch wahrscheinlich eher, „wie" etwas zu dir in Verbindung steht. Du möchtest nicht nur wissen, ob dir ein lieb gewonnener Gedanke, vielleicht ein bevorstehendes Projekt oder eine mögliche Partnerschaft überhaupt zugewandt sind, sondern auch, in welcher Form. Das *Wie sehr, Wie gut* und *Wie viel* ist für uns natürlich ungemein viel spannender und aufklärungsreicher, als nur ein einfaches *Ja* oder *Nein*. Denn wir lieben emotionale Geschichten und spannende Zusammenhänge, weil erst durch solche Verbindungen alles auch einen gedanklichen Sinn zu ergeben scheint.

Doch diese Beziehungen untereinander zu erkennen, die eben auf den jeweiligen Energiestrukturen der beteiligten Wesenheiten beruhen, hängt stark mit Bewertung zusammen. Nur mit deren Hilfe gelingt es uns, bessere Orientierung durch verbindliche Zusammengehörigkeit bzw. Zusammenhänge zu erhalten und Entwicklungen deuten zu können.

In unserem Fall nutzen wir Bewertung jedoch nicht, um andere absolut zu bewerten, was sowieso nicht wirklich funktioniert. Die wahre Form von Bewertung ist viel eher, die innere Beziehung zweier Dinge zueinander zu bewerten. In Bezug auf dich selbst: Indem du den Grad einer Übereinstimmung einer bestimmten gedanklichen Option und dir selbst austestest. Das heißt, wir können so herausfinden, wie gut etwas zu uns passt, inwieweit es zu uns in Verbindung steht und uns auf unserer Reise zur Weiterentwicklung verhilft.

Qualitative Entscheidungssysteme
können dir den Grad der Stimmigkeit anzeigen,
um zu den richtigen Optionen finden zu können.

Wenn du beginnst, Umstände auf den *Grad ihrer Stimmigkeit* zu testen, erhältst du ein viel detaillierteres Bild davon, wohin deine eigene Struktur, deine Energieformation sich eigentlich bewegen und entwickeln möchte. Du beginnst in vielen Fällen, die Geschichte dahinter deuten zu können, also hinter deinen Gedanken und deinen Gefühlen. Und vielleicht beginnst du auf diese Weise zu erkennen, was deine wesenseigene Aufgabe ursprünglich ist.

Mithilfe einer *Graduierung* kannst du den Abstand deiner eigenen Seele zu anderen Dingen, Menschen und Situationen genauer definieren als mit den üblichen Bewertungen. Mit „Abstand" ist hier kein räumlicher, sondern ein struktureller Abstand gemeint. Es zeigt sich damit, inwieweit sich deine eigene feinstoffliche Form stimmig zu anderen Dingen fügen kann.

Es können durchaus auch Fälle auftreten, in denen eine mögliche Option sogar beinahe stimmt, aber eben nicht ganz. Aus einer solchen Testung können wir wiederum Schlüsse ziehen, wie wir beispielsweise weiter vorgehen wollen, in welche Richtung wir weiter testen können. Denn eventuell stimmt nur deine Denkweise und Ausformulierung der Möglichkeit noch nicht ganz, damit dir eine Sache wirklich entspricht! Und erst wenn du das weißt, kann dein Herz wirklich stimmige Intentionen aussenden.

Bei den meisten Fragestellungen bzw. Entscheidungen ist es viel hilfreicher, nach einem solchen dynamischen Fragesystem zu testen. Nur so werden auch die Veränderungen bestimmter Formationen, Formulierungen und Situationen für dich tatsächlich ersichtlich. Wenn du beispielsweise über eine Weile hinweg deine Lebensenergie im Gesamten testest. Mit jeder Entscheidung und jedem Schritt, den du stimmig gehst, wird sich deine Gesamtlage verbessern. Das kannst du auch im kleineren Umfang nutzen, indem du vielleicht die Gesamtsituation deines Unternehmens oder deiner familiären Umstände schrittweise verbesserst. Oder du nimmst dir bestimmte Themengebiete deines Lebens vor, etwa deine Gesundheit, und handelst so lange entsprechend deiner stimmigen Ergebnisse, bis dein Inneres diesen Bereich komplett für stimmig befindet.

TEIL 2: INTUITIVE ENTSCHEIDUNGSFINDUNG

Es sind dir hierbei keine Grenzen gesetzt. Werde dir klar, was du verbessern möchtest, und beginne einfach mit irgendeinem Bereich. Sehr schnell wirst du erkennen können, dass jeder stimmige Schritt im dem einen Lebensbereich auch alle anderen Lebensbereiche beeinflusst. Denn nochmals:

> *Dein Energiefeld kennt keinen Unterschied zwischen dem, was du „privat", und dem, was du „beruflich" hineingibst. Alles ist eins.*

Es ist einfach nur ein Feld, das entweder vollkommen, teilweise oder gar nicht in Harmonie ist. Und immer wird alles gegeneinander abgeglichen und miteinander verrechnet.

Wie sieht ein solches dynamisches Testsystem aus?
Dynamisches Testen funktioniert durch vielerlei Systeme. Interessanterweise finden die meisten Menschen am leichtesten Zugang über Zahlwertsysteme, deren Antworten durch ihre klare Aussage eindeutig nachzuvollziehen sind.

Auch wenn wir zu Beginn vielleicht nicht direkt Formen, Bilder oder Worte aus energetischen Strukturen erspüren können, fällt es uns doch recht leicht, innerhalb eines vorgegebenen Systems den richtigen Zahlenwert zu finden. Wir vereinfachen also die Beantwortungsmöglichkeiten und erhalten auf diese Weise viel schneller aufschlussreiche Hinweise und Richtungsangaben.

Zahlensysteme lassen im Vergleich zu Wort- oder Bildantworten erst einmal weniger Interpretationsmöglichkeiten zu. Sei dir trotzdem immer bewusst, dass solche Zahlenwerttestungen wiederum nur Antworten der Intuition in der von uns gewünschten Form darstellen. Im Grund erhalten wir sämtliche Daten und Informationen unserer Seele als eine Art Code, den wir dann in verschiedenste Formen umwandeln, die auch der Verstand verstehen kann, um zu erkennen, was unsere Seele eigentlich meint. So transformieren wir die erhaltenen Informationen in Bilder, Worte, Filmsequenzen oder eben Zahlen. Doch im Endeffekt beinhaltet alles denselben Ursprungscode!

Persönlich teste ich hauptsächlich mithilfe dieser Zahlensysteme. Nicht nur privat, sondern auch beruflich, da ich vor allem deren klar einzuordnende Aussage sehr schätze. Zusammen mit meiner Kollegin prüfe ich zum Beispiel auf diese Weise, wann Projekte und Entwürfe ihre innere Stimmigkeit erlangt haben werden. Ebenso, wo Prioritäten liegen sollten und welche Projektaspekte besonders beachtet werden wollen. Das Ganze geschieht sehr spielerisch, doch ich versichere dir, es funktioniert beständig. Deiner Kreativität und Fantasie sind dabei keinerlei Grenzen gesetzt.

Immer mal wieder haben wir uns auch in Situationen begeben, die sich nicht ganz so stimmig anfühlten und die auch entsprechend testeten. Und wir konnten beobachten, egal, wie vermeintlich gut die Dinge zu Beginn zu sein schienen, dass an einem bestimmten Punkt immer etwas schieflief. Das zeigte uns die Notwendigkeit des exakten und ehrlichen Testens umso deutlicher. Und natürlich besonders auch das Annehmen dieser Ergebnisse!

Wenn du beginnst, wirklich hinzusehen,
wird dir sehr viel Stimmiges gezeigt werden,
doch bist du damit auch aufgefordert, dieses anzunehmen.

Probiere es einfach aus und erinnere dich daran, welche Kraft deine getroffene Entscheidung aussendet! Denn die Folge davon ist, dass die Menschen spüren werden, dass du dir über den Inhalt und das Wesen der Dinge Gedanken gemacht hast.

Durch solche Gedanken und Gefühle erst belebst du das, was dir am Herzen liegt. Denn ob etwas beseelt ist, kann jeder spüren. Und ob die beteiligten Personen über ihr Innerstes mit ihrer jeweiligen Tätigkeit verbunden sind, auch!

Übung:
Installiere den Grad der Stimmigkeit

Willst du dein Intuitionsempfinden im Zahlenformat dargestellt bekommen, musst du zunächst einen Auswahlrahmen festlegen. Das bedeutet, du wählst erst einmal eine bestimmte Skala aus. Wie zum Beispiel Notenwerte von 1–6 oder ein Punktwertsystem von 1–30, ganz nach deinem Belieben.

Zu Beginn sollte dieser Rahmen nicht allzu groß sein, damit der Unterschied zwischen den einzelnen Werten noch recht deutlich ist und die Ergebnisse leichter unterschieden werden können. Lass uns deswegen mit einer Skala von 1–5 testen, wobei 1 der beste und 5 der schlechteste Wert ist. Dabei bedeutet 1 *absolut mit dir übereinstimmend* und 5 *nicht mit dir vereinbar*.

Schließe deine Augen und wandere in dein Wahrnehmungszentrum. Nimm eine beobachtende Position ein und erzeuge nun wieder das intensive Gefühl innerer Stimmigkeit, wie bereits im vorherigen Schritt. Anschließend visualisierst du eine Skala mit den Zahlen 1–5 vor deinem inneren Auge und definierst wie folgt:

Grad 1
Dein aktuelles Stimmigkeitsgefühl positionierst und verknüpfst du nun mit der Zahl 1. Sieh die 1 aus deinem Inneren als einen Gedanken aufsteigen und erhalte diesen eine Weile parallel zum Gefühl deiner Stimmigkeit aufrecht.

Mit der 1 verknüpfte Situationen lassen dich wahrlich aufblühen. Dein Seelenwesen erstrahlt bei der Begegnung mit Menschen, die eine 1 für dich haben. Testungen mit der 1 führen dich zu immer neuen Wegen und Schritten, die dich in eine Richtung geleiten, die deine wesenseigenen Wünsche und Sehnsüchte beruhigen und in sich auflösen lassen. Weil jeder Schritt hin zu einer stimmigen Situation dein Streben nach mehr von dir ablöst. Da du dich damit direkt in diesem erfüllenden „Mehr" befindest, das die Fähigkeit hat, Schritt für Schritt vom einen zum nächsten zu führen.

Grad 2
Nun sieh wieder die Skala vor dir und wandere langsam nach oben in Richtung der höheren Werte. Mit jedem Schritt sinkt der Grad der Stimmigkeit etwas. Bist du bei der 2 angelangt, herrscht schon keine vollkommene Übereinstimmung der beiden Strukturen der miteinander getesteten Energien mehr.

Ich selbst würde Bewertungen mit 2 in meinem System jedoch nur bei bestimmten Aspekten als noch wählbar bezeichnen. Ausschließen würde ich beispielsweise Testungen einer Partnerschaft oder eines Berufs mit dem Ergebnis von „nur" 2. Wenn ich hingegen auf einer Speisekarte kein Gericht mit 1 finden kann, ist eine 2 noch ganz in Ordnung. Doch diese grundlegende Entscheidung liegt ganz bei dir.

Grad 3
Ab Grad 3 fehlen bereits einige wesentliche Aspekte zur Übereinstimmung mit dir selbst. Eine solche Option zu wählen, wäre schon kein Energieschub mehr in Richtung weiterer stimmiger Situationen in Harmonie mit deiner Lebensintention. Wenn es gerade gar nicht anders zu entscheiden geht, ist die 3 für eine Übergangsphase jedoch vorübergehend akzeptabel.

TEIL 2: INTUITIVE ENTSCHEIDUNGSFINDUNG

Die Entscheidungsoption einer 3 fühlt sich bereits recht unstrukturiert an. Die beiden Energien, die zueinander getestet werden, kollidieren hier bereits miteinander und haben kaum noch die Fähigkeit, miteinander zu schwingen. Vielmehr bringen sie sich gegenseitig zum Stillstand, indem sie sich wechselseitig „umgekehrt beschwingen". Hier treffen Täler auf Höhen und es fügt sich schlicht nicht.

Grad 4
Der Wert 4 sollte nicht mehr als wählbare Variante angesehen werden. Er ist lediglich noch Ausdruck nicht übereinstimmender Situationen, die zwar wenige gemeinsame Nenner haben, doch in den bedeutenden, grundlegenden Aspekten der eigenen Lebensintention nicht miteinander vereinbar sind.

So kann es sein, dass du einem Menschen begegnest, mit dem sich zunächst ein interessantes Gespräch entwickelt, jedoch in der Tiefe keine Gemeinsamkeit vorhanden ist. Oder du bewirbst dich für einen Job, der in einigen Punkten deinen Vorstellungen zu entsprechen scheint, bei den für dich wirklich relevanten – die du im Voraus vielleicht noch gar nicht vollständig wahrnehmen kannst – fehlt es beispielsweise an Übereinstimmung und somit an stimmigen Entwicklungsmöglichkeiten.

Grad 5
Eine Option, die Grad 5 anzeigt, entspricht Lebenswegen, die im Grunde in entgegengesetzter Richtung zu deiner ursprünglichen Lebensintention verlaufen. In solchen Situationen „beschweren" sich die Beteiligten gegenseitig und verstricken sich oftmals in unangenehme, energieraubende Konstellationen.

ENTSCHEIDUNGSSYSTEME

Erinnere dich wieder daran: Nicht alles, was glänzt, ist für dich auch wertvoll. Und dein Herz fühlt sich manchmal zu Dingen hingezogen, die ihm vielmehr aufzeigen sollen, was ihm selbst zur Erfüllung noch fehlt; nicht unbedingt zu etwas, das es als reelle Form in sein Leben integrieren sollte.

Mit der Zeit und einiger Übung wirst du erkennen, dass dir dieses System auch ab und an Zwischenwerte anzeigt, beispielsweise einen Wert zwischen 1 und 2. Dies bedeutet für dich also, dass die Option entweder bereits zur 1 tendiert, oder aber, dass eine Situation, die vielleicht schon auf der 1 war, nun zur 2 tendiert.

In welche Richtung deine getesteten Ergebnisse tendieren, wirst du im Laufe der Zeit auch spüren lernen. Es fühlt sich dann an wie ein Streben in Richtung des stimmigeren oder eben des weniger stimmigeren Wertes. Dabei wirst du mit jedem Testen feinfühliger in die Optionen hineinspüren können und deren Ergebnisse strukturierter erkennen.

Übung:
Teste den Grad der Stimmigkeit

Nimm eine Situation, die du auf ihren Stimmigkeitswert hin testen möchtest, in deine Gedanken. Überlege dir anschließend die zu deiner Testabsicht passende Frage und finde genau die Formulierung, die dieser Frage wirklich entspricht. Was möchtest du von der Testoption wirklich wissen?

Verschiebe anschließend die Beobachtung dieser Umstände in dein Wahrnehmungszentrum. Hier bewertest du nun die energetische Verbindung der Sache mit deinem eigenen Wesen. Achte wieder besonders darauf, dass du unvoreingenommen an das Testen herangehst.

TEIL 2: INTUITIVE ENTSCHEIDUNGSFINDUNG

Nun stellst du deine Frage und beobachtest, welche Zahl als entsprechendes Ergebnis dabei in dir aufsteigt. Auch hier kannst du wieder öfter nachtesten und deine Fragestellung dabei verändern, um zu erkennen, ob bei leichter Abänderung der Option die Antwort vielleicht variiert.

Sobald du ausreichend Informationen zur Stimmigkeit einer Option gesammelt hast, denke wieder daran, das Ergebnis deiner Testung auch in dein Energiefeld zu integrieren. Entweder indem du die „nicht mit dir vereinbare" Situation aus deinem Gefühl und deinen Gedanken entlässt, oder indem du für „stimmig" befundene Möglichkeiten vollständig in dich ziehst und integrierst. Lass die Frage los, denn sie ist beantwortet.

> ## Zusammenfassung
>
> 1. Nimm eine Entscheidungsoption in dein Bewusstsein.
> 2. Formuliere deine zielbewusste Frage.
> 3. Verschiebe die Option in dein Wahrnehmungszentrum.
> 4. Lass dir den entsprechenden Stimmigkeits-Wert deiner Wertskala „1, 2, 3, 4 oder 5" anzeigen.
> 5. Mach dir bewusst, was das Ergebnis der Testskala bedeutet und worauf es hinweist.
> 6. Integriere deine getroffene Entscheidung in dein Denk- und Gefühlssystem. Lass die Frage los. Sie ist beantwortet.

Egal, welches Ergebnis du erhältst, vertraue deinem Inneren uneingeschränkt, denn es ist *Du!* Mach es dir zu einer Freude, tägliche Dinge deines Lebens zu testen, wie zum Beispiel den stimmigen Tag für das angesetzte Meeting oder das Café, in das du idealerweise gehen solltest, und vieles mehr ... Die Ergebnisse werden dich teilweise überraschen und stets an

ENTSCHEIDUNGSSYSTEME

den Ort führen, der deinem Inneren gerade entspricht. Denn vielleicht hätte es einen bestimmten Tag gegeben, an dem die allgemeine Konstellation weniger stimmig oder dein Geschäftspartner weniger offen für deine Vorschläge gewesen wäre. Und eventuell wärst du gewissen Menschen gar nicht begegnet, hättest du nicht nach deinem Inneren gehandelt. Denn dein Seelenwesen beachtet vielerlei Aspekte. Oft sind es jedoch ganz ungeahnte!

Mit diesem System kannst du alle Bereiche deines Lebens auf den Grad ihrer Stimmigkeit austesten. Handelst du entsprechend diesen Hinweisen, so werden dir im Laufe der Zeit von vornherein immer bessere Werte begegnen. Wie ist das gemeint?

Entscheidest du vermehrt nach diesen Stimmigkeiten, so beginnst du einen Weg zu gehen, der dich immer öfter zu passenden Situationen und Menschen führt. Zu Beginn wirst du dich immer wieder einmal auch für schlechtere Ergebnisse entscheiden, da du aktuell vielleicht keine besseren finden kannst. Doch im Laufe der Zeit ist es wahrscheinlich, dass dir hauptsächlich nur noch Werte von 1–3 begegnen, was ein wunderbares Zeichen dafür ist, dass du auf einem sehr guten Weg deiner inneren Entwicklung bist.

Je öfter du dich also für die 1 oder 2 entscheidest, umso mehr hochwertige Ergebnisse in der äußeren Realisierung werden dir infolgedessen auch begegnen. Dein Gesamtenergiefeld hat eine andere Ausstrahlung und zieht dementsprechend anderes an. Denn nach wie vor zeigt sich innere Stimmigkeit wieder in äußeren Umständen, die dich darin unterstützen, immer mehr als lebendig freies, schwingend schönes und strahlendes Ich auf Möglichkeiten zur sichtbar erfolgreichen Entwicklung zu treffen.

TEIL 2: INTUITIVE ENTSCHEIDUNGSFINDUNG

Alternative qualitative Bewertungssysteme

Falls du einer der Menschen bist, denen Zahlen eher Unbehagen als Wohlgefühl bereiten, kannst du dieses dynamische Testsystem natürlich auch durch andere Gradienten ersetzen, etwa ein mehr fließendes System. So ein Ersatz wäre vielleicht eine Skala, die einen Farbverlauf zeigt, zum Beispiel von Grün nach Rot. Hier könntest du definieren, dass die Farbe Grün „stimmig" bedeutet und die Farbe Rot „unstimmig". Anschließend kannst du einzelne mögliche Optionen über diese Skala gleiten lassen und im Bereich des sich richtig anfühlenden Farbtons stehen bleiben. Daraufhin kannst du anhand der Farbgebung und deren Intensität das Ergebnis des Stimmigkeitswertes ermitteln.

Eventuell hilft es dir auch, dieses System in Momenten zu verwenden, in denen es dir gerade einmal schwerer fällt, Zahlenwerte zu erkennen. Variiere einfach ein wenig und nutze das System, das gerade am besten passt!

Entscheidungssystem 3:
Urpunkt-Entscheidung – für Beziehungs- und Gefühlsthemen

Neben diesen klar strukturierten Ergebnissystemen gibt es auch solche, die rein auf innerem Fühlen basieren und nicht darauf ausgelegt sind, dir einen bestimmten Wert als Ergebnis zu präsentieren. Mitunter ist es bei tatsächlichen Herzensangelegenheiten vielleicht angenehmer, eine gefühlhafte Testung vorzunehmen, statt etwa eine Partnerschaft mit einem Zahlenwert zu beschreiben.

In manchen Situationen möchtest du einfach nur herausfinden, wie tief dir eine Sache tatsächlich geht. Ob eine Person bis zu deinem eigenen „Urpunkt" hinabblicken kann, um dich ganz tief im Inneren berühren zu können. Denn erst diese tiefe innere Berührung lässt zu, dass man sich in der Struktur seiner beiden Wesen absolut verstehen kann. Erst dann fühlst du dich wirklich gesehen. Als das Wesen, das du im Kern bist.

Beruht eine Beziehung, welcher Art auch immer, auf Banden, die nur äußere, jedoch keine gemeinsamen inneren Aspekte haben, so wird sich diese Beziehung auflösen, sobald diese äußeren Aspekte verschwinden oder unwichtig werden. Trifft man seine Entscheidung jedoch nach wahrer Stimmigkeit, so ist eine unumstößliche Basis vorhanden, die nicht durch wechselnde Ansichten oder variierende Tätigkeiten der beiden Partner ihre Verbindung verliert. Eher noch generiert eine solche innere Stimmigkeit immer neue gemeinsame Blickwinkel und Themen.

Ein solchermaßen berührendes strukturelles Verständnis kann dir wahrlich den Atem rauben. Allerdings gibt es für diese Erfahrung des inneren Berührtseins eine essenzielle Voraussetzung: deine eigene absolute Öffnung deines Seelenwesens!

Um wahrlich berührt werden zu können,
musst du den anderen erst einmal in dich Einblick nehmen lassen.
Nur so kann er dich überhaupt im Kern berühren
und in Schwingung versetzen!

Vielleicht möchtest du auf diese Weise einmal testen, ob jemand für dich ein wirklich stimmiger Partner ist. Jemand, der sich anfühlt, als wäre er ein Teilchen des Ganzen, das einmal direkt neben dir gelegen hat. Und eventuell wird dieser Aspekt für dich zum Maßstab, um eine wirklich berührende Partnerschaft führen oder allgemein Menschen erkennen zu können, die wahre Seelengefährten für dich sind.

TEIL 2: INTUITIVE ENTSCHEIDUNGSFINDUNG

Um das herauszufinden, kannst du mit diesem System den „Grad der Tiefe" erkennen, den ein Mensch in dir erreichen kann. Je näher dessen innere Struktur deiner eigenen ist, umso tiefer kann dieser in dich eintauchen und hineinsinken.

Zunächst geht es bei dieser Umsetzung darum, überhaupt zu erkennen, wo eigentlich der „Urpunkt" in dir liegt und wie es sich für dich anfühlt, wenn dieser berührt wird und dadurch zu strahlen beginnt. Eventuell war bislang noch überhaupt niemand an diesem Punkt – vielleicht sogar nicht einmal du selbst. Doch kann ihn ein anderer nur dann erreichen, wenn du selbst weißt, wie es sich anfühlt, dort hineinzutauchen.

Dies ist im Übrigen auch der Ort, an dem du wahres Interesse an deinem Inneren von zielgerichtetem Interesse an deiner Person sicher unterscheiden kannst. Sobald du gelernt hast, deinen Urpunkt selbst zu spüren, wirst du auch genauer wahrnehmen können, auf welche Ebene eine andere Person bei dir eintaucht. Und eben auch deutlich sehen bzw. wahrnehmen können, wenn dich jemand „wirklich" ansieht.

Mit ein wenig Übung wirst du auch in der Lage sein zu erkennen, auf welcher Ebene sich eine Person in sich selbst bewegt und sich auch mit sich selbst auseinandersetzt. Ob sich derjenige oder diejenige also nur an der eigenen Oberfläche mit den Gegebenheiten befasst oder den Wunsch hat, tiefer zu blicken, um höhere Erkenntnis über sich selbst zu gewinnen. Wie etwa, das eigene Seelenwesen erspüren zu lernen.

Das mit Abstand Spannendste ist dabei jedoch, dass du unvermittelt andere Menschen erkennen kannst, die sich ebenfalls mit ihrem Inneren auseinandersetzen. Und das geht sehr schnell!

ENTSCHEIDUNGSSYSTEME

Du kannst irgendwann sogar den Wunsch in den Menschen erfassen, wirklich tief in sich eintauchen zu wollen. Du wirst jedoch auch bei einigen erkennen, dass sie sich zwar augenscheinlich mit Selbstentwicklung beschäftigen, jedoch kein wahres Ziehen in sich spüren, tatsächlich in das eigene Selbst einzutauchen.

Wie auch immer es dir begegnen mag, all diese Formen von Selbstwahrnehmung dürfen eben so sein, wie sie sind. Die Frage ist nur: Mit welcher Art von Energie, Tiefe, Stimmigkeit und wahrem Berührtsein möchtest du dein Leben ausstatten und befüllen?

Zusammen mit der Positionierung deines Wahrnehmungszentrums ist dies die wahrscheinlich grundlegendste aller Übungen. Sie kann dich tatsächlich dazu befähigen, in tiefere Schichten zu blicken.

Durch das Erfahren deines eigenen Urpunktes
kannst du auch die Wesenheit in allen Dingen besser erkennen.

Du kannst nur so weit in andere Situationen, Dinge und Menschen hineinsehen, wie tief du selber bereit bist, in dich selbst Einblick zu nehmen. Das ist der Ort, an dem du dir nichts mehr vormachen kannst. Und wo du dir selbst all deine Verdrängungen vor Augen führst, um sie endlich lösen zu können. Ein magischer Ort vollkommener Ehrlichkeit zu deinem inneren Selbst. Dieses wahre Selbst, das dich mit unfassbar berührender Liebe empfängt, sobald du wirklich eintauchst.

Manche Menschen sind komplett irritiert davon, wenn man tatsächlich ihr Inneres ansieht und weniger auf ihr Äußeres achtet. Meistens aber auch sofort tief berührt davon.

TEIL 2: INTUITIVE ENTSCHEIDUNGSFINDUNG

Übung:
Installiere die Urpunkt-Entscheidung

Schließe deine Augen. Wandere mit deinem wachen Bewusstsein hinab zu deinem Wahrnehmungszentrum, dem Ankerpunkt deiner Seele und dem Entfaltungsort deines wahren Ich.

Erinnere dich an dein tief liegendes Sehnen danach, wirklich erkannt zu werden als das Wesen, das du in Wahrheit bist. Es war dein Wunsch, auf diese Erde zu kommen, um deinen ganz eigenen Aspekt der universellen Ganzheit zu erleben. Um deinen Teil des Ganzen auszufüllen und perfekt hineinzupassen. Ohne Spiel. Und ohne Fassade. Ganz rein, das pure Du. In Form einer Person, die absolut deiner ganz spezifischen energetischen Qualität entspricht.

Wie würde es sich anfühlen, wenn du dieses innere Wesen wieder in seiner Vollständigkeit leben könntest? Wie würde es sich anfühlen, wenn du wieder den wahren Grund deines Daseins in seiner ursprünglichen Form erfühlen würdest? Und wie würde es sich anfühlen, wenn du auf diese Weise auch allen anderen Personen, die dazu bereit sind, die Möglichkeit geben würdest, dich ganz als das zu erkennen, was du wirklich bist?

Dieses unbegreiflich schöne Erlebnis eröffnest du dir jedoch nur, wenn du selbst ganz genau weißt, wer da eigentlich in dir wohnt.

Das größte Hindernis, diesen Ort für dich selbst und andere Energieformen frei zu geben, ist deine Angst, dass dieses innere Wesen alleine nicht in der Lage ist, ein stimmiges Ganzes bilden zu können. Dass es nur mithilfe anderer Energien vollständig sein kann. Mitunter verwehrst du dir den Blick dorthin auch beständig, weil du es beinahe nicht wagst zu erkennen, wie groß die Kluft zwischen deinem Innen- und deinem Außenleben tatsächlich bereits ist.

Doch bitte entlasse dich einen Moment aus deiner Bewertung, denn Wahrnehmung und Umsetzung sind zwei verschiedene Schritte. Und denkst du während dieser Wahrnehmung bereits an folgenschwere Schritte, so wirst du dir nie erlauben, wirklich zu sehen, was eigentlich da ist. Dann trübt bereits die mögliche Aussicht den Blick und die Erwartung verschleiert das, was wirklich da ist. Alles, was gerade in deinem Leben vorhanden ist, kannst du auch wieder ins „rechte Licht" rücken, erkennen und bereinigen. Sodass deine Außenwelt endlich zu deiner inneren Welt passt. Alle natürlich fließenden Wege führen sowieso genau dorthin.

Setze deine Barrieren und Ängste für einen Moment außer Kraft. Einfach, indem du sie außer Acht und durch dich hinwegfliegen lässt. Wenn du unbedingt möchtest, kannst du sie später wieder abholen. Doch vielleicht erscheinen sie dir dann auch unbrauchbar geworden zu sein!

Werde dir also wieder deines eigenen Zentrums bewusst und positioniere dich in dessen Mitte. Doch hier befindest du dich erst am Eingang, an der Peripherie deines Wesens. Stell dir all die in deiner Seele vorhandenen Informationen als ein ganzes Universum in dir vor. Und gerade stehst du an dessen Oberfläche und beobachtest dieses dichte, schwarze, liebevoll umhüllende Energiewesen, das dich jederzeit wohlwollend in sich aufnimmt, sobald du dich dafür entscheidest.

Momentan nimmst du deine innere Tiefe wahrscheinlich in der Dimension deines körperlich vorhandenen Raumes wahr, doch dieses Tiefenempfinden wollen wir nun erweitern. Je tiefer du dabei in dich eintauchst, umso kraftvoller und liebevoller wird sich deine Ausstrahlung zeigen. Erreichst du gefühlt deinen Urpunkt, so generierst du absolute Standfestigkeit in dir selbst.

TEIL 2: INTUITIVE ENTSCHEIDUNGSFINDUNG

Lass allmählich den Boden unter deinen Füßen schmelzen und erwarte den Moment, da er sich vollkommen aufgelöst hat. Und nun lass dich einfach fallen. Hinein in diese dicht gefüllte, schwarze, sanfte Welt. Sieh die Materie um dich rauschen und falle immer tiefer und tiefer in dich hinein. Immer mal wieder werden dabei Ängste und Blockaden an dir vorüberziehen. Deine wesenseigene Energie wird dabei immer deutlicher erkennbar für alles, was dich umgibt. Wie fühlt es sich an, von allen als das erkannt zu werden, das du in Wahrheit bist? Nur für einen Moment kannst du sie wahrnehmen, doch schon bist du noch tiefer gefallen, sodass sie bereits weit über dir liegen – in einer anderen Schicht deines Wesens, die dich hier in der Tiefe nicht mehr berühren kann. Begib dich immer mehr in ein wohlig fallendes Fühlen hinein. Ohne dich an etwas festzuhalten und ohne auf den Boden unter deinen Füßen zu warten. Falls du bemerkst, dass du noch etwas in den Händen hältst oder bei dir trägst, lass auch das noch los und an dir vorbeiziehen. In dieser tiefen Dunkelheit kannst du dich nicht mehr auf deine Augen verlassen, nur noch auf dein Bauchgefühl. Beobachte, wie es immer ruhiger und gelassener wird, je weiter du in dein wundervoll bezauberndes Wesen eintauchst.

Halte dieses Fallen so lange in dir aufrecht, bis du keine Abwehr und kein Hindernis mehr in dir fühlen kannst. Bis dir dieses Fliegen alleine so viel Freude bereitet, dass du dich gar nicht mehr nach dem Urgrund sehnst.

Beobachte, wie sich deine Bewegung immer mehr beschleunigt und die Materie um dich immer schneller an dir vorbeigleitet. Doch das ist kein Grund zur Sorge für dich. Du kommst deinem inneren Punkt immer näher. Mit höchster Geschwindigkeit kommst du ihm entgegen. Irgendwann hast du eine Geschwindigkeit erreicht, die du schon beinahe nicht mehr wahrnehmen kannst. Bleib in deinem Wohlgefühl.

ENTSCHEIDUNGSSYSTEME

Und mit einem Mal ist alles um dich still. Das Umliegende ist so schnell geworden, dass du keine Bewegung mehr darin erkennen kannst. Plötzlich bist du am Mittelpunkt deines Wesens angekommen und hast Zugriff. Augenblicklich kehrt sich deine Aufmerksamkeit um und du beginnst nach außen zu strahlen. Voller Licht und Helligkeit. In einer Intensität, die dir bisher nicht bekannt war. Da sie den wahren Ausdruck deines inneren Wesens enthält, das im Außen als lichthaftes Strahlen in Erscheinung tritt.

Übung:
Teste mit der Urpunkt-Entscheidung

Schließ deine Augen und nimm die Person, Situation oder Angelegenheit in deine Gedanken, zu der du eine Entscheidung treffen möchtest. Sieh die Konstellation, die du austesten möchtest, vor deinem inneren Auge und fühle dich in die Wesenheit dieser Gegebenheit hinein. Sei dir bewusst, dass es dein Anliegen ist, die innere Stimmigkeit deiner Beziehung zu einer bestimmten Sache zu testen.

Nun lass dieses Gesamtwesen auf dich zukommen und in einem großen Bogen geradewegs in dich hinein fliegen. Ausgerichtet auf deinen innersten Punkt, an dem du dich absolut erkannt fühlst, sobald ihn jemand berührt. Beobachte nun, wie nahe diese Sache deinem Urpunkt kommt.

Stoppt die Energie, bevor sie dein Innerstes erreicht hat? Oder fliegt sie geradewegs darauf zu und fügt sich in diesen Ort?

Berührt diese Option deinen Urpunkt, so passt sie stimmig fließend zu dir. Euer beider Energien haben somit die Fähigkeit, ein harmonisches gemeinsames Ganzes zu bilden. Gelangt sie nur bis zu einer bestimmten Ebene deiner Tiefe, so liegt es an dir zu entscheiden, ob das für dich ausreichend

TEIL 2: INTUITIVE ENTSCHEIDUNGSFINDUNG

ist. Anschließend integrierst du deine Entscheidung wieder in dein System oder lässt Unstimmiges bewusst los.

Achte stets darauf, dass du die getestete Sache nicht selbst daran hinderst, wirklich in dein Inneres einzutauchen! Bleibe also für einen Moment dein eigener Beobachter.

Teste weitere gedankliche Varianten, um erst einmal verschiedene Ergebnisse spüren zu lernen.

Zusammenfassung

1. Nimm eine Entscheidungsoption in dein Bewusstsein.
2. Lass diese Option in dich eintauchen und in Richtung deines Urpunktes fliegen.
3. Beobachte, wie nahe sie deinem innersten Punkt kommt.
4. Berührt diese Option deinen Urpunkt, so passt sie stimmig fließend zu dir. Gelangt sie nur bis zu einer bestimmten Ebene deiner Tiefe, so liegt es an dir zu entscheiden, ob das für dich ausreichend ist.
5. Integriere deine getroffene Entscheidung in dein Denk- und Gefühlssystem. Lass die Frage los. Sie ist beantwortet.

Entscheidungssystem 4:
Spontane Wahrnehmung – als akutes Hinweissystem

Neben den bereits vorgestellten Systemen, die dir nur dann eine Antwort liefern, wenn du gezielt danach fragst, gibt es auch Methoden, die ganz unvermittelt Hinweise aufzeigen können, wann immer es gerade hilfreich ist. Also eine Art Frühwarn- oder Schnellinformationssystem.

Ein solches Hinweissystem kannst du dir für Situationen einrichten, in denen du gerade zu „beschäftigt" bist, um aus-

ENTSCHEIDUNGSSYSTEME

führlich in dich hinein zu spüren. Oder gerade einfach nicht daran denkst. Wenn du beispielsweise gewarnt werden willst, bevor du vielleicht eine gedankenlose Entscheidung triffst, oder auch um angespornt zu werden, wenn es noch nicht Zeit zum Aufgeben ist.

Es gibt eben auch Situationen, in denen man gerade nicht auf die Idee kommt, etwas auszutesten. Aus diesen Grund installierte ich mir zu einem gewissen Zeitpunkt, als ich mich wieder einmal darüber ärgerte, dass ich nicht gleich intuitiv getestet hatte, einen seitenabhängigen Ton in meinen Ohren, der mich rechtzeitig auf fehlerhafte Situationen aufmerksam macht. Im rechten Ohr speicherte ich einen Hinweiston für „Vorsicht" ein, während links der Ton für ein „Weiter so" abgespielt werden sollte.

Nachdem ich dieses System über eine Weile hinweg immer wieder festgelegt und eingespeichert hatte, begannen sich die Töne einige Male am Tag bemerkbar zu machen. (Falls dich so ein Ton im Ohr nerven sollte, kannst du diesen Test natürlich auch auslassen oder abändern!) Dieses System stellte sich für mich vor allem im beruflichen Bereich als sehr hilfreich heraus. Rechts begann es ab und an zu piepsen, wenn ich vielleicht genauer hinsehen sollte und dadurch noch einen Fehler entdecken konnte. Oder wenn ich im Begriff war, vielleicht einen Farbton für einen Raum auszuwählen und den Ton hörte, wusste ich, dass doch eine andere Farbe stimmiger war. Ein Ton im linken Ohr hingegen gab zum Beispiel den Schubs, wenn ich gerade an jemanden dachte und das intensive Gefühl hatte, diese Person anrufen zu müssen, dies auch wirklich zu tun. Dabei kamen meist interessante Neuigkeiten heraus oder „wie zufällig" ein neuer Auftrag. Und ganz oft hörte ich daraufhin von der Person: „Ich habe gerade gestern auch schon an dich gedacht."

TEIL 2: INTUITIVE ENTSCHEIDUNGSFINDUNG

Falls dieses System interessant für dich klingt, dann gib dir dafür etwas mehr Übungszeit. Vielleicht funktioniert es ebenso leicht und schnell wie deine übrigen Antwortsysteme. Eventuell braucht es aber ein wenig mehr Geduld, um es wirksam in dir zu installieren.

Übung:
Installiere die spontane Wahrnehmung

Zum Installieren deines „Frühwarnsystems" kannst du zu Beginn mit geschlossenen, später am besten mit offenen Augen arbeiten.

Tauche dazu wieder über dein Wahrnehmungszentrum in dich hinein, direkt in dein inneres Wesen. Schwinge eine Weile in diesem Inneren.

Nun erschaffe in dir ein klares Gefühl davon, wie es sich anfühlt, früh genug vor etwas gewarnt zu werden, das du unbedingt vermeiden möchtest. Vielleicht Erleichterung. Vielleicht Dankbarkeit. Oder das Gefühl, noch genug Zeit zu haben, um das Anstehende zu verändern. Erzeuge ein ganz schlüssiges Gesamtgefühl davon, früh genug Bescheid gewusst zu haben.

Nun gilt es, dieses Gesamtgefühl mit deinem rechten oder linken Ohr zu verbinden. Behalte dabei das Gefühl in deinem Zentrum und lass parallel dazu einen Ton im jeweiligen Ohr entstehen.

Ebenso wie du Bilder visualisieren kannst, bist du natürlich auch in der Lage, Töne in dir entstehen zu lassen. Du besitzt die Fähigkeit, im Geiste mit dir selbst und anderen zu sprechen, gehörte Lieder wieder abzuspielen oder dir imaginär etwas vorzusingen. So sollte es auch nicht allzu schwer sein, gezielt einen Ton in dir zu erzeugen.

Nun halte dein selbst geschaffenes Gefühl „Warnung" oder „Sieh nochmals genauer hin" und den Ton eine Weile in dir aufrecht. Wiederhole dieses Initiieren immer mal wieder, bis es dir in einer Alltagssituation erstmals ganz von selbst begegnet.

Auf die gleiche Weise speicherst du anschließend auch den Ton des anderen Ohrs in dein System. Hierfür erzeugst du jedoch ein ganz anderes Gefühl in dir. Wie fühlt es sich an, wenn dich jemand anspornt weiterzumachen, weil du für einen Moment in Versuchung kommst aufzugeben, da du eventuell nicht mehr an einen gelungenen Ausgang deines Projektes glaubst? Übermittelt dir in diesem Augenblick jemand die Botschaft, dass es sich lohnt, die Aufgaben noch einmal voller Hingabe anzugehen, so steigt deine Motivation, du mobilisierst und fokussierst deine Kräfte erneut und legst noch einmal all deine Energie hinein. Erzeuge daraus ein Gesamtgefühl, das du wiederum gemeinsam mit einem Ton in dir schwingen und tönen lässt.

Wiederhole diesen Vorgang ebenso wie beim anderen Ohr, um diese neue Funktion in dir einzuspeichern und somit zuverlässig nutzen zu können.

Natürlich kannst du zu Beginn dieser Übung zunächst auch nur eine Seite mit einem Ton bespeichern, um erst einmal auszutesten, ob dieses System für dich überhaupt interessant ist.

Übung:
Teste die spontane Wahrnehmung

Wenn du die spontane Wahrnehmung erfolgreich installiert hast, wird sie sich von ganz allein mit dem entsprechenden Signal bei dir melden.

Versuche, nicht angestrengt auf einen der installierten Töne zu warten, sondern halte dich in der offenen Grundbereitschaft, auf dein Inneres zu hören. Wenn du spontan im Alltags- oder Arbeitsleben die Frequenz wahrnimmst, die dich warnen oder dir Mut machen sollte, nimm das Signal wahr. Halte inne und geh der Situation nach. Im Anschluss daran kannst du diese beispielsweise über dein Stimmigkeitsempfinden zielgerichtet austesten.

Zusammenfassung

1. Wähle zwei verschiedene Intentionen, die du auf jeweils einem Ohr auditiv speichern möchtest.
2. Werde dir einer der beiden Intentionen als Gefühl bewusst und speichere sie mit einem bestimmten Ton auf einer Seite deines Gehörs.
3. Anschließend erzeugst du zur anderen Intention das zugehörige Gefühl und bespeicherst damit die andere Gehörseite mit einem anderen Ton.
4. Wiederhole diesen Vorgang immer einmal wieder, so lange, bis du die ersten Male von selbst einen Ton wahrnehmen kannst.

Falls dich dieses Tonsystem irgendwann einmal stören sollte, so kannst du es natürlich auch wieder lösen, indem du ganz aufmerksam wieder in dich hineinfühlst und jedes Element für sich einzeln abspielst. Zusammen mit dem inneren Befehl, die beiden Funktionen nun wieder voneinander zu trennen.

Falls dir das Einspeichern eines Tons nicht zusagt, kannst du dir andere Varianten dazu einfallen lassen. Es steht dir absolut frei, auf welches Signal du welche Intention speicherst.

Ob du nun auf ein Druckgefühl in deiner Brust oder auf das Kribbeln deiner Finger einen bestimmten Hinweis speicherst, liegt ganz bei dir.

Auch die ausgewählten Intentionen kannst du jederzeit abändern und auf die Hinweise anpassen, die du in deinem Alltag eher benötigst. Auf diese Weise kannst du ganz spezifische Signale in dein System integrieren.

Probiere ein wenig aus, um zu erspüren, was für dich genau das Richtige ist.

Entscheidungssystem 5: Unterhaltung mit dem älteren Ich –
die Auswirkungen deiner Entscheidung

Wenn du mithilfe deiner Intuition Fragen auf ihre Stimmigkeit hin testest, so beziehen diese Antworten stets zeitliche Aspekte mit ein. Deine Seele ist nämlich kein starres Gebilde, sondern in permanenter Bewegung. Die energetischen Strukturen, die wir auf ihre Stimmigkeit hin abgleichen, sind niemals unbewegt schwebende Energieformen. Nur der Vereinfachung wegen betrachten wir gezielt zeitunabhängige Sequenzen unseres Energiefeldes, um dieses auf seine Ganzheit und Vollständigkeit hin überprüfen zu können. Was wir dabei jedoch eigentlich wahrnehmen, ist eine Kurzzusammenfassung des momentan eingelegten Lebensfilmes. Eine Zusammenfassung der aktuellen Grundstruktur des inneren Wesens.

Durch deine Gedanken und somit auch deine Gefühle beeinflusst du dein Energiefeld kontinuierlich. Dabei ist nicht ein Gedanke der ausschlaggebende Faktor für deine Gefühle und deine Ausstrahlung, sondern der Gedankenfluss deiner aktuell vorherrschenden Gedanken. Sozusagen dein mo-

TEIL 2: INTUITIVE ENTSCHEIDUNGSFINDUNG

mentanes Gedankenmuster als Vorlage für Ausstrahlung und Anziehungskraft. Diese Gedankenmuster behalten wir für gewöhnlich eine ganze Weile beständig in uns, ohne es großartig zu verändern. Mitunter auch ein Leben lang. Die kleinen Abweichungen von bisherigen Gedanken und Gefühlen verrechnen sich dabei immer zeitlich und machen nur dann merklich einen Unterschied in deinem Leben, wenn sie sich tatsächlich auffällig von bisher Gefühltem und Gedachtem unterscheiden und eine ganze Weile in dir präsent bleiben.

So ist es kein Wunder, dass berauschende Ausnahmesituationen, wie beispielsweise ein sehr inspirierender Vortrag oder ein aufrüttelndes Gespräch, nicht lange ins uns nachhallen, wenn wir sie nicht bewusst in unser eigenes System hineinziehen und von dort aus eine längere Weile aufrechterhalten! Denn ein solch wundervoller Impuls verebbt doch recht schnell inmitten des bisherigen kontinuierlich gedachten Gedankenguts. Nur selten geschieht es, dass ein solcher Impuls so stark ist, dass er augenblicklich alle anderen Wellen außer Kraft setzt. Das kommt jedoch eher in Situationen vor, die etwa physisch oder gedanklich existenzbedrohend auf uns wirken. In einem solchen Fall kann es sein, dass unser gespeichertes Gedankengut augenblicklich ersetzt wird. Und das Leben eine unerwartete Wendung nimmt.

Du bist derselbe wie gestern,
wenn du deine Art zu denken und fühlen nicht änderst.

Willst du wirklich etwas in deinem Leben verändern, so solltest du neues Gedankengut so lange in dein Herz, also dein Fühlen einspeichern, bis es dort von selbst weiterschwingt. Bis sich diese neu geschaffene Energieform von selbst trägt und in sich unterstützt. Egal, ob du deine Fitness, deine Disziplin oder die Beziehung zu deinen Mitmenschen verbessern möchtest. Erst wenn diese neuen Gedanken als ehrliches Gefühl in dir angekommen sind, können sie wirksam nach außen strahlen und etwas anderes in dein Leben ziehen als deine bisherigen Gedanken! Du schwingst dann in neuer Zusammensetzung deiner Herzfrequenz und nimmst eine Umformung deiner Lebenskonstellation vor.

Deine Gedanken können dabei entweder deine innere Stimmigkeit unterstützen oder diese verwässern und wieder aus dir hinaus drängen. Denn egal, wie oft du deine innere Ganzheit wiederherstellst, sobald du Gedanken denkst und Gefühle fühlst, die dieser Ganzheit nicht zuträglich sind, wirst du dein Feld immer wieder in Unordnung bringen. Denn weißt du noch? Was du vehement von dir abspalten willst und nicht empfinden geschweige denn leben möchtest, das wird auch irgendwann von deinem Seelenwesen abgespalten und durch Fremdes ersetzt.

Du kannst also deine innere Vollständigkeit immer und immer wieder herstellen, doch wenn du letztendlich nicht auch deine gedanklichen Muster hinterfragst, die dich bis hierher gebracht haben, und sie vielleicht ein wenig deinen wahren Wünschen anpasst, wird keine äußerlich sichtbare Entwicklung stattfinden. Denn deine Stimmigkeit berichtet dir lediglich davon, wohin es für dich *möglich* ist zu gehen. Dein Herz und somit dein Gefühl stellen jedoch die Weichen, um dort auch anzukommen.

Wenn du also nicht irgendwann grundlegend etwas in dir veränderst, wirst du mit den Inhalten und Energien deines aktuellen Gedankenguts alt werden und dementsprechende Dinge, Menschen und Situationen anziehen. So frage dich vielleicht ab und an einmal: Will ich in meiner momentanen Energie-, Gedanken- und Lebensstruktur alt werden?

TEIL 2: INTUITIVE ENTSCHEIDUNGSFINDUNG

Was dein Seelenwesen als stimmig erkennt, beinhaltet im Grunde auch, ob Auswirkungen deiner Entscheidungen zukünftig mit deiner Intention stimmig schwingen. Es vergleicht deine innere Struktur mit der Entwicklung bestimmter äußerer Optionen und zeigt dir als Ergebnis zum Beispiel den Wert einer Übereinstimmung an. Das bedeutet, dass alle bereits vorgestellten Systeme zur Entscheidungsfindung diesen zeitlichen Aspekt sowieso schon miteinbeziehen.

Doch es ist wirklich interessant, sich einmal ganz konkret in zeitliche Auswirkungen hineinzufühlen. Im Gegensatz zu reinen momentanen Stimmigkeitstestungen mithilfe der bisher vorgestellten Systeme, kann man dadurch ganz lebhaft in die Dinge hineinspüren und sich Entwicklungen aufzeigen lassen. Dies ist im Grunde nicht unbedingt notwendig, doch manchmal recht hilfreich. Und sehr spannend!

Wenn ich mich als Kind orientierungslos fühlte und mit der Welt als nicht verbunden, spürte ich mich manchmal in eine ältere Version meines Selbst hinein und befragte dieses ältere Wesen. Ich hoffte natürlich auf ein verständigeres und weiseres Ich, das ich zu meiner aktuellen Situation befragen konnte, und war gespannt, wohin diese mich wohl bringen würde. Dabei fühlte ich in mich und meine aktuelle Lebenssituation hinein und beobachtete, wie sich dieses ältere Ich während des Hineinfühlens verhielt. Manchmal bestärkte es mich, manchmal drängte es mich durchzuhalten, und manchmal schien es deutlich zu warnen, so weiterzumachen.

Später nahm ich mögliche Entscheidungsoptionen in meine Gedanken und mein Gefühl hinein und beobachtete wieder ein bestimmtes Alter meines Ich und dessen Reaktionen auf meine verschiedenen inneren Vorschläge. Bei mancher Option konnte ich beobachten, wie sich das Gesicht und die

Umgebung trübten, weniger fröhlich und zufrieden wirkten und ein ungutes Gefühl von dem kurzen „Film" ausging. Bei einer anderen Option erhellte sich die bildhafte Atmosphäre und erfüllte mein Inneres mit Wohlgefühl, Zuversicht und absoluter Stimmigkeit.

Bis heute verwende ich bei verschiedensten Entscheidungen diese Art zu testen. Sie hilft besonders auch dann, wenn du bereits die Stimmigkeitsverhältnisse getestet hast, doch dein Gefühl noch überhaupt nicht dazu bereit ist, dieses Ergebnis anzunehmen. Denn wenn du dir selbst in die Augen siehst und erfühlen kannst, wohin deine Reise durch eine bestimmte Lebenskonstellation führt, dann berührt es dich eindeutig noch viel mehr als zum Beispiel eine Testung mithilfe von Zahlenwerten.

Du wirst erkennen können, wohin dich deine Beziehung,
dein Beruf und vieles mehr in deinem Leben wohl bringen wird.
Und es entsteht eine Art Dialog
mit deinem inneren besten Freund, deinem älteren Ich.

Wenn du beginnst, auf die zeitlichen Aspekte deiner entscheidungsbasierten Entwicklungen zu blicken und in sie hineinzufühlen, eröffnest du dir damit ein weiteres, eigentlich naheliegendes Testsystem, das sehr wertvoll ist und deine Intuition weiter schult. Denn wie oft hast du, wenn du ehrlich bist, bereits geahnt, dass es nicht gut ausgehen würde? Dass du eine Sache vielleicht erst zu einem gewissen Zeitpunkt angehen solltest? Oder dass du sie erst gar nicht hättest beginnen sollen? Das kannst du ab jetzt rechtzeitig klären.

Neben den bisher genannten Testsystemen möchte ich dir dieses System, durch das du dich selbst als Auswirkung einer

TEIL 2: INTUITIVE ENTSCHEIDUNGSFINDUNG

bestimmten Entscheidung beobachten kannst, als Letztes vorstellen. Außerdem kannst durch dieses System auch wirksam testen, inwieweit dein Denken und Fühlen dem inneren Aspekt von Stimmigkeit bereits entspricht und dieses wirksam unterstützt oder dich etwa eher wieder von deinem stimmigen Weg abbringen würde.

Grundlegend kann dir die Beobachtung und das Erfühlen der älteren Version deines Ich aber ein faszinierendes Wohlempfinden verschaffen. Besonders dann, wenn du beobachtest, ob es sich durch den Weg, auf dem du dich aktuell befindest, zu einem zufrieden lächelnden Wesen entwickeln wird.

Übung:
Installiere die Unterhaltung mit dem älteren Ich

Tauche in dich ein. Stelle zunächst wieder sicher, dass du dein inneres Wesen vollständig bereinigt hast, sodass du ihm in seiner eigenen Stimmigkeit begegnest. Schwinge dich daraufhin einen Moment lang in dieses Gefühl innerer Ganzheit in dir ein.

Gehe sicher, dass du dich in deinem eigenen Wahrnehmungszentrum und nicht in deinem Verstand befindest. Und so betrachtest du dein eigenes Ich nun von diesem Ort aus. Sieh dich in deinem Inneren vor dir stehen. In deiner jetzigen Form, deiner aktuellen Verfassung und deiner momentanen Gefühlslage. Wie fühlt es sich an, du zu sein? Ist es dir wohl dabei? Oder willst du eher vor dir selbst fliehen? Egal, welches Gefühl dich nun beschleicht, nimm es wahr und bewerte es erst einmal nicht.

Wähle nun ein Alter deiner Person, das du besuchen möchtest. Nimm dir vielleicht erst einmal einen Schritt von

10 Jahren vor. Springe einfach 10 Jahre vor und visualisiere, wie du in diesem Alter vor dir stehst. Und denke daran, du möchtest den seelenhaften Aspekt betrachten. Warte so lange, bis das Bild ganz klar vor dir auftaucht, und betrachte dich selbst ganz unvoreingenommen.

Wie wirkst du auf dich? Wie sieht deine Haltung aus, deine Gestik und Mimik? Sind deine Bewegungen fließend oder wirken sie starr und eingerostet? Lächelst du dir aufmunternd zu oder lässt dieses ältere Ich den Kopf ernüchtert hängen?

Und vor allem, wie fühlst du dich durch die Betrachtung dieses älteren Selbst? Bestärkt es dich in deinem Tun, oder fühlst du dich eher dazu angehalten, etwas genauer auf dein aktuelles Lebensgefüge zu blicken? Dieses Gefühl ist der Ausgangspunkt deiner Fragestellung und Entscheidungsoption.

Übung:
Teste durch eine Unterhaltung mit dem älteren Ich

Du hast dich vertraut gemacht mit deinem älteren Ich, tauchst zuverlässig bereinigt und ganz vor ihm auf und fasst es ins Auge.

Werde dir nun der Frage bewusst, die du beantwortet haben möchtest. Wähle aber keine Frageform, sondern formuliere dein Anliegen als Annahme, also als bereits getroffene und gelebte Entscheidung. Wie etwa statt der Frage: „Wie ist es für mich, meinen Beruf zu wechseln?", testest du am besten zwei unterschiedliche Varianten, um einen deutlichen Unterschied in der Auswirkung der Entscheidung visualisieren zu können. Zum einen könnte dies dann sein „Ich ändere meinen Beruf", und als Kontrollfrage „Ich bleibe in meinem bisherigen Beruf".

TEIL 2: INTUITIVE ENTSCHEIDUNGSFINDUNG

Beobachte nun jeweils, wie deine ältere Version auf diese Annahmen reagiert. Bei welcher der beiden Optionen blühst du regelrecht auf, strahlst und bist voller innerer Schönheit? Die andere Möglichkeit fühlt sich hingegen vielleicht an, als würdest du in dieser Konstellation innerlich eingehen, weil sie dir in deinem Kern nicht zu Wachstum verhilft.

Eventuell kannst du sogar ein paar Worte mit diesem älteren Ich wechseln oder es bedeutet dir direkt, wo deine Richtung eigentlich hingehen sollte. Vielleicht hast du auch ein Alter gewählt, das die Auswirkung deiner Entscheidung noch nicht kennt, dann wandere noch ein paar Jahre auf deinem inneren Zeitstrang entlang und teste erneut.

Zusammenfassung

1. Tauche in dich ein und schaffe innere Vollständigkeit.
2. Wähle ein Alter, in das du dich einfühlen möchtest.
3. Wie wirkst du in diesem Alter?
4. Nimm die Annahmen einer getroffenen Entscheidung in dein Bewusstsein und beobachte, wie sich dein älteres Ich daraufhin verändert.
5. Verändere deine Annahmen und teste erneut, eventuell auch mit einem anderen Alter deines Selbst. Wiederhole diesen Vorgang, bis du ein schlüssiges Ergebnis hast.

Eine solche Unterhaltung mit deinem älteren Ich wird dir – mit ein wenig Übung – sehr deutlich Antworten aufzeigen, die du in den meisten Fällen bereits geahnt haben wirst. Wenn auch manchmal etwas weniger bewusst. Sobald du durch diese Entscheidungstechnik auf eine Annahme stößt, die deine innere Wahrheit wirklich berührt, wirst du das deutlich spüren. Denn auch wenn dir ein bestimmter

ENTSCHEIDUNGSSYSTEME

Gedanke vielleicht sogar schmerzvoll erscheinen mag, löst die Betrachtung deiner eigenen Wahrheit zugleich immer ein tief verankertes, unglaublich erleichterndes Strahlen in dir aus.

Je nachdem, wie du deine Annahme, also deinen Energiekörper, veränderst, wirst du immer auch eine entsprechend andere Auswirkung erkennen können. Dein aktuelles Energiefeld erschafft so den Verlauf deines eingeschlagenen Weges. Wenn du dich in Zukünftiges hineinspürst, so erfühlst du immer den Weg, den dein Leben durch deine momentane Energiekonstellation nehmen würde. Sei dir dabei stets bewusst, dass sich dieses vorausgeahnte Entwicklungsbild nicht einstellen wird, wenn sich im Laufe der Zeit dein zur getesteten Stimmigkeit passendes Gefühl auf eine Weise wandelt, welches dein Energiefeld wieder in seiner Aussage verändert.

*Bewahre, schütze und pflege
die authentische Ausstrahlung und Aussage deines Energiefeldes.
Sie sorgt für deinen inneren Frieden.*

Frage dich also ab und zu, ob du noch die stimmigen Grundlagen für das gewünschte Ergebnis in dir trägst. Testest du eine Sache auf ihre Stimmigkeit und gehst diesen Weg anschließend auch, kommt es zusätzlich noch darauf an, was du permanent in dir, beziehungsweise in deinem Fühlen und damit auch in deiner Ausstrahlung trägst. Denn in Sekundenschnelle kannst du alles verändern. Es ist aber wichtig, die gewünschte energetische Einstellung beizubehalten, um aus dieser Stimmigkeit heraus Schritt für Schritt dein Leben so zu gestalten, dass du endlich in absolutem Frieden mit deinem Inneren leben kannst.

TEIL 2: INTUITIVE ENTSCHEIDUNGSFINDUNG

Es war deine Absicht, ...

dich mit allem, was du bist, vollständig auszudehnen und zu zeigen. Deinen inneren Reichtum durch echte Verbundenheit zu erleben. Deine Macht und Einflussnahme durch die Hingabe an dein eigenes Seelenwesen zu entdecken und deine Herzensenergie in dieser Welt offen auszudrücken, um sie rückwirkend selbst erleben zu dürfen.

Indem wir in uns eintauchen, verbinden wir uns wieder mit diesen Aspekten unseres Lebens. Erinnere dich noch einmal daran: Eintauchen ist die Grundlage für jegliche Ausdehnung, für Wachstum und wahres „Erkanntwerden". Indem du wirklich in dich eintauchst, verschaffst du dir erneut Zugang zur Fähigkeit wahrer Beobachtungsgabe bezüglich deines eigenen Lebensweges.

> *Nur deine von Herzen kommende Offenheit*
> *verschafft dir Zugang zu vertrauensvollen Begegnungen*
> *mit anderen Menschen.*

Schenkst du deiner inneren Wahrheit Aufmerksamkeit und lässt sie so sein, wie sie sich dir ganz natürlich vorstellt, so macht dein mittlerweile gewohnter innerer Druck einem unglaublich schönen Gefühl der Ausdehnung Platz. Denn was in sich nicht wirklich stimmt, verhält sich nicht beschwingt und fließend, sondern zieht sich zu einem druckempfindlichen Punkt in dir zusammen, der durch einfache und oft unbedeutsame Worte oder Taten anderer Menschen angefacht, also unangenehm gereizt werden kann. Dieser „Hinweis-Druck" lässt jedoch augenblicklich nach, sobald du ihn unverfälscht ansiehst, ernst nimmst und ihn sich so wieder ausdehnen und in erneut stimmiger Form schwingen lässt.

ES WAR DEINE ABSICHT, ...

Denn die Berührung deiner inneren Wahrheit sendet heilende Impulse an deine Gedanken, dein Fühlen und dein Wesen. Und das in Punktzeit. So kann es sein, dass mit einem Mal Gedankenkonstrukte wie Angst, Wut, Neid oder andere innere Schmerzen in sich zusammenfallen, sobald du dein ursprüngliches, vergrabenes „Ich" wahrnimmst und erkennst, wer du eigentlich bist.

Durchlässigkeit ist dein größter Schutz

Dein Bedürfnis nach Schutz hindert die wundervollsten Gefühle dieser Welt daran, in dir entstehen zu können. Dein Ziel sollte es also weniger sein, eine bestimmte Schutzhaltung aufzubauen, sondern vielmehr dein Vermögen zu schulen, mit unangenehmen Gefühlen umzugehen. Sobald du dich von innen heraus aufgebaut hast, ist kein Schutz mehr notwendig. Denn was bereits vollständig ist, kann nicht mit Fremdem gefüllt werden.

Ist dir schon einmal aufgefallen, dass du bei vielen Menschen nur ein Stück weit hineinfühlen kannst, bis du auf eine ausdrückliche Grenze triffst, die dir bedeutet: „Bis hierher und nicht weiter."? Das ist bei den meisten eine mehr oder weniger bewusste Schutzgrenze. Ein Mechanismus, den wir uns irgendwann einmal einfach abgeschaut haben. Doch ist es wirklich so, dass dieser „Schutz", der dich durch innere Barrieren von anderen abgrenzt, hilfreich ist?

Jede Art von Schutz schürt Gegenwehr. Egal, was du unternimmst, um vermeintlich geschützt zu sein, es wird dich nur noch mehr in eine Haltung der inneren Abwehr führen, die dich im Grunde nur verhärten lässt. Diese Verhärtung hat jedoch zur Folge, dass alle möglichen Dinge – zumeist die, vor denen du dich eben schützen möchtest – die Möglichkeit haben, dich anzupacken, anzustoßen und aus dem Gleichgewicht zu bringen. Eine solche Schutzhaltung lässt deine Seele immer mehr danach verlangen, intensive Erfahrung von Liebe zu empfinden. Denn Schutz durch Verhärtung hindert dein Wesen auch daran, tatsächlich Liebe und Hingabe zu empfinden.

Sei einfach durchlässig für das, was dir nicht zuträglich ist, und lass das andocken, was deiner Lebensintention in jeglicher Hinsicht entspricht. Anders gesagt: Lass die Dinge und Menschen mit dir schwingen, die dich stärken, dich inspirieren, dich auf wundervolle neue Gedanken bringen, und formuliere dieses Ziel so auch für dich.

Zeige dein Wesen offen.
Durchlässigkeit ist dein größter Schutz.

Je mehr du wirklich du selbst bist, desto leichter und durchlässiger wird dein Wesen und sanfter dein Gemüt. Mit der Zeit können andere auch immer weniger deine selbst geschaffene innere Vollständigkeit erschüttern. Weil deine Art der ihren oftmals nicht mehr entspricht. Diejenigen, die dir nun feindselig begegnen, sind eine Art Lehrmeister, durch die du dich noch mehr in Selbsthingabe und Liebesfähigkeit üben kannst.

Wahre Stärke entsteht durch das Zulassen von echten Gefühlen, ohne diese unterdrücken zu wollen. Verletzbarkeit hingegen entsteht durch innere Leere, Verhärtung und somit stagnierende Energie. Füllst du dich innerlich an, so erzeugt diese Dichte eine wundervolle Art von innerer Stabilität und damit auch die Fähigkeit zu Selbstreflektion.

Der Ausdruck deiner inneren Größe

Wenn uns das Leben längerfristig perfekt, also wohlwollend und fließend begegnet, sind wir Meister im Boykottieren dieses Flussgefühls. Mag sein, dass wir es auf den ersten Blick gar nicht erkennen, doch wir sträuben uns immer wieder gegen unser eigenes Ganzsein und Strahlen. Auch wenn es vordergründig unser größter Wunsch zu sein scheint.

Hast du dich einmal bewusst längere Zeit in deine persönliche Idealsituation hineinversetzt? Also in eine für dich absolut stimmig empfundene Version deines Lebens?

Begibst du dich einige Minuten, oder besser noch eine Viertelstunde oder länger, meditativ in diese Vorstellung hinein, so gleicht sich deine Gefühlswelt allmählich diesem selbst geschaffenen inneren Bild an. Das bedeutet, dein Gefühl spiegelt die innere Auswirkung deiner gedanklich erzeugten Situation. Und damit befindest du dich für eine Weile in eben dieser Realität. Dabei ist es dir möglich, deutlich zu spüren wie es sich anfühlen würde, in dieser Konstellation zu leben. Insbesondere kannst du deine eigene Reaktion auf diese Vorstellung beobachten. Die Empfindungen, die dabei in dir aufsteigen, werden wahrscheinlich unterschiedlicher Natur sein.

Zum einen ist es unglaublich erleichternd und lösend, darin einzutauchen, zum anderen besitzen dauerhaft empfundene Stimmigkeit, Harmonie und Einheit eine sehr dichte, gleichmäßig schwingende Energie, an die sich dein Körper und dein Fühlen erst einmal wieder gewöhnen müssen. Ebenso wie viele Menschen gerne aus einem Gefühl der Fokussierung fliehen und unmittelbar nach Zerstreuung der eigenen Energie suchen, um diese nicht mehr so intensiv zu spüren, so fliehen wir anfangs meist schnell wieder aus diesem harmonischen Ganzheitsempfinden. Oftmals weil wir nicht gelernt haben, diese Art gebündelter Energie lange in uns aufrecht-

TEIL 2: INTUITIVE ENTSCHEIDUNGSFINDUNG

zuerhalten und ungehindert durch uns fließen zu lassen. So können wir mitunter auch in dieser selbst geschaffenen, schönen Vorstellung unruhig werden, insofern wir nicht bereits geübt haben, darin zu verweilen und diese homogene Energiestruktur aufrechtzuerhalten.

Denn werde dir einer Sache bewusst: Wir haben gelernt, ein erfüllend-abenteuerliches Gefühl durch das Zusammenspiel von Funktionieren mit möglichem Misslingen zu erleben. Eine Art innerer Spannungsaufbau, der uns bei seiner Entladung in das Gefühl erneuter Ausdehnung und innerer Gleichmäßigkeit versetzt. Doch dieser Spannungsaufbau lenkt deine Energie nicht in eine ausgewählte Richtung, sondern mindert deine Kraft durch gegensätzliche Richtungsangaben.

*Bring dir wieder bei,
das Gefühl von Stimmigkeit und Harmonie
in dir aufrechterhalten zu können. Es erzeugt gebündelte,
intensiv strahlende Energie, die du unter Umständen
gar nicht mehr dauerhaft gewohnt bist.*

Was uns am Ausdruck unseres eigenen inneren Wesens am meisten hindert, ist erstaunlicherweise die Angst, wirklich gesehen zu werden. Einige Menschen tragen diese Zurückhaltung stärker, andere weniger stark in sich, doch in den meisten Menschen steckt eine Art von Unsicherheit und Bescheidenheit, die dem inneren Wesen nicht so ganz entspricht. Denn die eigene innere Größe scheint uns im ersten Moment irgendwie noch zu überwältigen. Doch was ist mit dieser inneren Größe gemeint?

Die Inbesitznahme deiner eigenen Ausstrahlung und Wirkung und deines energetischen Ausdrucks. Das Zeigen deiner inneren Größe ist die deutliche Einladung an all die Dinge, die für dich stimmig sind. Dabei zieht eine allumfassende Ausstrahlung deines Selbst auch viel mehr als nur stimmige Interessenten sehr stark an. Von nun an gilt es für dich desto mehr, wirklich zu entscheiden, welche Dinge du stimmig bei dir haben möchtest und welche nicht. Mitunter erkennst du dann, dass nicht fehlende Möglichkeiten die größte Herausforderung darstellen, sondern die Tatsache, die unterschiedlichsten Möglichkeiten zu haben. Denn es ist die viel größere Aufgabe, aus einer Menge attraktiver Optionen diejenige zu wählen, die wirklich stimmig ist und deinem Leben den Charakter geben kann, den du dir ersehnst, als aus begrenzten Möglichkeiten das Nächstliegende oder nur am wahrscheinlichsten Passende zu ergreifen.

Wie wäre es, dir nun ein Versprechen zu geben?

Deinem wahren Ich die Erlaubnis zu geben,
sich in voller Größe zeigen zu dürfen.
Deiner Person die Fehler zu vergeben,
die sie deiner Ansicht nach besitzt.

Das Wesen der Dinge wieder zu beachten,
um deren Bedeutung für deine Seele zu erkennen.
Dich ganz den Situationen hinzugeben,
die dein Seelenwesen für stimmig befindet.

Die Menschen, die wirklich mit dir übereinstimmen,
in deinem Herzen ein Zuhause finden zu lassen.
Nicht den Schmerz darüber entscheiden zu lassen,
ob deine Liebe fließen darf.

Über die Autorin

Anna Maria Stark (geb. 1991) hatte schon früh die Fähigkeit, in das Energiefeld der Menschen hineinzublicken und deren unverwechselbare Signatur zu erkennen. Darauf aufbauend ermutigt sie Menschen, ihren persönlich stimmigen Lebensweg zu gehen. In ihren Beratungen, Coachings und Seminaren trainiert und vermittelt sie die Fähigkeit, das eigene Seelenpotenzial voll auszuschöpfen.

Konsequenterweise machte sie sich gleich nach dem Studium selbstständig und gründete zusammen mit ihrer Geschäftspartnerin das schon nach kurzer Zeit erfolgreiche Büro für Design und Raumgestaltung „Gipfelstürmer Design" in Augsburg. Dort lebt sie ihr Prinzip, dass Geschäftsleben und Privatleben *„energetisch gesehen das Gleiche"* sind: *„Die energetisch-spirituelle Basis möchte stets eine von Schönheit durchdrungene Realität entstehen lassen. In allem zeigen sich Zusammenhänge und finden sich Lösungen, die dem wahrhaftigen ureigenen Gefühl entspringen."*

Zum Coaching- und Seminarangebot der Autorin:
www.anna-maria-stark.de

Haben Sie Fragen an Anna Maria Stark?
Anregungen zum Buch?
Erfahrungen, die Sie mit anderen teilen mochten?

Nutzen Sie unser Internetforum:
www.mankau-verlag.de/forum

Bücher, die den Horizont erweitern — man kau:

Matthias A. Exl
BEFREIE DICH SELBST!
Über die Kunst eines erfüllten Lebens
9,95 € (D) / 10,30 € (A)
ISBN 978-3-86374-439-7

„Der berufliche Background des Autors, der höchst erfolgreicher Spitzenmanager war, macht ihn sehr glaubwürdig, da er eine steile Karriere in der Wirtschaft zu Gunsten seiner persönlichen und spirituellen Weiterentwicklung hinter sich gelassen hat." — Bewusst Sein

Andreas Winter
HEILEN DURCH ERKENNTNIS
Die Intelligenz des Unterbewusstseins
Sich selbst und andere heilen. Mit Audio-CD
17,95 € (D) / 18,50 € (A)
ISBN 978-3-938396-68-1

„Lesenswert. Eine inspirierende Methode, die nicht Symptome von Krankheiten behandelt, sondern die Ursachen aufzulösen versucht. Und das Gute daran, sie ist leicht erlernbar und zur Selbsthilfe geeignet." — Riccis Literaturweltblog

„Andreas Winter nimmt die Leser an die Hand und zeigt ihnen, wie sie selbst ganz einfach anderen Menschen zur Symptomfreiheit verhelfen können." — KGS Hamburg

Dr. med. Daniel Dufour
DAS VERLASSENE KIND
Gefühlsverletzungen aus der Kindheit erkennen und heilen
14,95 € (D) / 15,40 € (A)
ISBN 978-3-86374-047-4

„Es ist ein wichtiges Buch für Betroffene und Therapeuten, weil es wie kein zweites den betroffenen Menschen zum allein Verantwortlichen erklärt und nicht den allwissenden Therapeuten und die Diagnose in den Mittelpunkt stellt." — Connection Special

„Viele Leser werden sich in den zahlreichen anschaulichen Fallbeispielen Dufours wiederfinden und ihre eigene Lebensgeschichte mit anderen Augen betrachten." — Newsage

Anna Elisabeth Röcker
MEDITATION FÜR ALLE
Vier-Schritte-Programm zur Meditation und Achtsamkeitsübungen für jeden Tag. Mit Audio-CD
18,90 € (D) / 19,50 € (A)
ISBN 978-3-86374-230-0

„(...) Im Vorwort schreibt Anna Elisabeth Röcker, ihr sei während ihrer langjährigen Tätigkeit als Therapeutin klar geworden, wie wichtig es sei, so vielen Menschen wie möglich den Zugang zur Meditation zu vermitteln. Das tut sie auf gut strukturierte Weise. Das Praxisbuch unterscheidet zwei Bereiche: den Alltag als Übungsfeld zur Meditation und die tägliche Meditationspraxis nach bestimmten Regeln. Dazu liefert sie eine einfache Anleitung in vier Schritten, die sich gut zum Einsteigen eignet. (...)" Yoga!

Doris Kirch
ANTI-STRESS-BOX (5 AUDIO-CDS)
Entspannen und meditieren. Anleitungen und Übungen für jede Lebenslage
UVP 29,95 €
ISBN 978-3-938396-40-7

„Gut nachvollziehbare Anleitungen und die angenehme Stimme von Doris Kirch machen dem Stress schnell den Garaus."
Hannoversche Allgemeine Zeitung

„Auftanken, entspannen, zur Ruhe kommen, Sand unter den Füßen spüren ... Urlaubsgefühl. Das kann man jeden Tag genießen: mit den Meditationen von Doris Kirch (...) – locker bleiben kann gelernt werden." praxis+recht

Prof. TCM (Univ. Yunnan) Li Wu
HERZ-MEDITATION (AUDIO-CD)
Mit einer Einführung von Li Wu
UVP 12,95 €
ISBN 978-3-938396-71-1

Die Herz-Meditation ist eine spirituelle Technik, die in früherer Zeit nur durch mündliche Überlieferung weitergegeben und von den chinesischen Schamanen geheim gehalten wurde. Sie stärkt die Kraft, seelisch, geistig oder spirituell miteinander zu verschmelzen und zugleich dem Objekt der Liebe die Freiheit zu geben, es nicht zu vereinnahmen oder in Besitz zu nehmen – es nur zu lieben. Nach einer gewissen Übungszeit werden Sie erleben, wie sich Energie in Ihr Herz ergießt und von hier aus in alle Körperteile lenken lässt.

Unsere Bücher erhalten Sie bei Ihrem Buchhändler!
Besuchen Sie auch unsere Internetseite mit Bestellmöglichkeit, Internetforum, Leseproben, Veranstaltungstipps und Newsletter: **www.mankau-verlag.de**